essentials

Essentials liefern aktuelles Wissen in konzentrierter Form. Die Essenz dessen, worauf es als „State-of-the-Art" in der gegenwärtigen Fachdiskussion oder in der Praxis ankommt. Essentials informieren schnell, unkompliziert und verständlich

- als Einführung in ein aktuelles Thema aus Ihrem Fachgebiet
- als Einstieg in ein für Sie noch unbekanntes Themenfeld
- als Einblick, um zum Thema mitreden zu können

Die Bücher in elektronischer und gedruckter Form bringen das Expertenwissen von Springer-Fachautoren kompakt zur Darstellung. Sie sind besonders für die Nutzung als eBook auf Tablet-PCs, eBook-Readern und Smartphones geeignet.

Essentials: Wissensbausteine aus den Wirtschafts, Sozial- und Geisteswissenschaften, aus Technik und Naturwissenschaften sowie aus Medizin, Psychologie und Gesundheitsberufen. Von renommierten Autoren aller Springer-Verlagsmarken.

Werner Sauter · Christiana Scholz

Kompetenzorientiertes Wissensmanagement

Gesteigerte Performance mit dem Erfahrungswissen aller Mitarbeiter

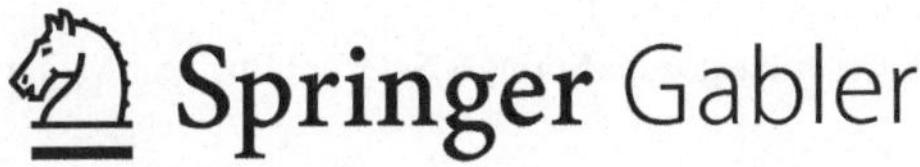

Prof. Dr. Werner Sauter
Berlin
Deutschland

Christiana Scholz
Wien
Österreich

ISSN 2197-6708
essentials
ISBN 978-3-658-10534-1
DOI 10.1007/978-3-658-10535-8

ISSN 2197-6716 (electronic)

ISBN 978-3-658-10535-8 (eBook)

Die Deutsche Nationalbibliothek verzeichnet diese Publikation in der Deutschen Nationalbibliografie; detaillierte bibliografische Daten sind im Internet über http://dnb.d-nb.de abrufbar.

Springer Gabler

Gedruckt auf säurefreiem und chlorfrei gebleichtem Papier

Springer Fachmedien Wiesbaden ist Teil der Fachverlagsgruppe Springer Science+Business Media (www.springer.com)

Was Sie in diesem Essential finden können

- Sie erfahren, warum die ursprüngliche Idee des Wissensmanagements nicht (mehr) erfolgreich ist, und finden zahlreiche Argumente, warum der Einsatz eines kompetenzorientierten Wissensmanagements „bottom-up" einen erheblichen Wettbewerbsvorsprung mit sich bringt.
- Neben den Anforderungen an einen bedarfsgerechten Wissensmanagementansatz erhalten Sie wertvolle Tipps für Ihre Praxis. Abschließend bietet Ihnen dieses Essential wertvolle Empfehlungen für den Veränderungs- und Implementierungsprozess sowie zehn praxiserprobte Handlungsempfehlungen.

Vorwort

Wissensmanagement – eine unternehmensweite Revolution

Der Umgang mit Wissen ist so alt wie die Menschheit selbst.[1] Der globale Wettbewerb und die digitale Revolution führen aktuell dazu, dass Wissen immer stärker als Ressource verstanden wird.

Unsere Wissensgesellschaft wird vor allem dadurch geprägt, dass digitale Informationstechnologien zwischenzeitlich integraler Bestandteil unserer Gesellschaft und Arbeitswelt sind und die Menschen immer mehr Zeit mit diesen Medien verbringen. In den Unternehmen nimmt die Zahl der Wissensarbeitenden rasch zu und ein steigender Anteil unserer Wirtschaftsleistung geht auf wissensintensive Innovationen zurück.[2] Die Wissensgesellschaft der Zukunft ist eine Kompetenzgesellschaft[3], der globale Konkurrenzkampf der Zukunft wird als Kompetenzwettbewerb ausgetragen.[4]

Aber nicht nur für die Unternehmungen selbst, sondern vor allem für die Mitarbeiter[5] hat dies fundamentale Veränderungen zur Folge. Viele Berufe, wie z. B. Kreditanalysten, werden in wenigen Jahren ganz verschwinden, daneben entstehen neue Berufe, die wir heute noch gar nicht kennen. Humanoide Computer, die

---

[1] Vgl. Keller und Kastrup (2009, S. 7–9).

[2] Vgl. Reinmann (2009, S. 7).

[3] Vgl. Mittelstraß (1999).

[4] Vgl. Council of Competitiveness (1998).

[5] Der Inhalt der vorliegenden Publikation bezieht sich in gleichem Maße auf Frauen und Männer. Aus Gründen der besseren Lesbarkeit wird jedoch die männliche Form für alle Personenbezeichnungen gewählt. Die weibliche Form wird dabei stets mitgedacht.

menschenähnlich denken und handeln, stellen das erforderliche Wissen in naher Zukunft immer bedarfsgerechter zur Verfügung. Dies wird die intellektuellen Fähigkeiten und Möglichkeiten der Menschen immer mehr fordern.

Wissen und Lernen stellen daher die zentralen Faktoren dar, um die sich das Arbeitsleben und seine Kommunikationsformen in Zukunft organisieren werden.[6] Das Tempo, in dem Wissen altert, wird immer höher. Einmal entwickeltes und expliziertes Wissen findet in zukünftigen Projekten immer weniger Anwendungsmöglichkeiten, da sich die Rahmenbedingungen für jede neue Herausforderung grundlegend ändern. Daher und um dem Innovationsdruck von außen gerecht zu werden, müssen permanent neue Lösungen und Ideen entwickelt werden, und zwar gemeinsam – kollaborativ. Der soziale Aspekt wird deshalb global und über Unternehmensgrenzen hinweg immer wichtiger.

Das Erfahrungswissen der Mitarbeiter ist ein Schatz der Unternehmen, der heute oftmals im Verborgenen bleibt. Dies wird besonders schmerzhaft deutlich, wenn erfahrene Fachkräfte ein Unternehmen verlassen. Die Technologien im Bereich der Dokumentation und Kommunikation bieten die Möglichkeit, dieses Wissen zu dokumentieren und in einem Austausch der Mitarbeiter gemeinsam weiterzuentwickeln.

Es leuchtet ein, dass dieses Wissensmanagement den Unternehmen erhebliche Wettbewerbsvorteile verschaffen kann. Trotzdem haben die vergangenen Jahrzehnte gezeigt, dass Mitarbeiter im Regelfall nicht bereit sind, ihren persönlichen Wissensschatz mit anderen zu teilen. Deshalb wird Wissensmanagement nur gelingen, wenn sich die Unternehmenskultur grundlegend wandelt. Die Erfahrungen zeigen, dass Wissensmanagement, das „top-down" verordnet wird, keine Chance hat, Teil der täglichen Arbeits- und Lernprozesse zu werden. Die Unternehmen benötigen vielmehr ein Wissensmanagement „bottom-up", bei dem jeder Arbeits- und Lernprozess Anlass ist, neues, gemeinsames Wissen zu generieren.

Ein zeitgemäßes, den Unternehmenserfolg vorantreibendes Wissensmanagement hat sich diesen Herausforderungen zu stellen – auch wenn dies in den meisten Organisationen eine Revolution bedeutet.

Berlin und Wien im April 2015   *Werner Sauter*
                                                                                    Christiana Scholz

---

[6] Vgl. Pabel (2005, S. 13).

Inhaltsverzeichnis

1 Wissensmanagement der ersten Generation 1

  1.1 Die Entwicklung des Wissensmanagements im Zeitablauf 1

      1.1.1 Die Idee des Wissensmanagements 4

      1.1.2 Daten – Information – Wissen 5

      1.1.3 Wissensmanagement und kompetenzorientiertes
Wissensmanagement 7

      1.1.4 Bedeutung des Wissensmanagements 9

  1.2 Warum das Wissensmanagement-Modell nach Probst et al.
nicht (mehr) funktioniert 10

2 Wissensmanagement der zweiten Generation 13

  2.1 Anforderungen an ein zeitgemäßes Wissensmanagement 13

  2.2 Von einfacher Wissensspeicherung zu einem
kompetenzorientierten Wissensmanagement 16

  2.3 Webbasierte Wissensmanagement-Tools 18

      2.3.1 Neue Medien: Social Software und Web 2.0 18

      2.3.2 Konnektivismus – Lernen im Netz 19

      2.3.3 Webbasierte Wissensmanagementtools mit
Unterstützungspotenzial für Kompetenzentwicklung 21

3 Wissensmanagement und Kompetenzentwicklung 23

  3.1 Kompetenzorientiertes Wissensmanagement in der Praxis 23

  3.2 Lernarrangements mit kompetenzorientiertem
Wissensmanagement 25

4 Implementierung von kompetenzorientiertem Wissensmanagement 29

    4.1   Implementierungsprozess 29

    4.2   Veränderungsmanagement 32

    4.3   Handlungsempfehlungen 35

Was Sie aus diesem Essential mitnehmen können 37

Literatur 39

Wissensmanagement der ersten Generation

1

Was vor 25 Jahren als Innovationsgedanke galt und euphorisch aufgenommen, entwickelt, implementiert und exerziert wurde, klingt nach der Ernüchterungsphase um die Jahrtausendwende heute wahrlich wie ein Märchen aus früherer Zeit, aus dem wir unsere Lehren für die Zukunft ziehen können. Das ehemals meist sehr technisch aufgesetzte Wissensmanagement hat, aufgrund der zu geringen Ausrichtung auf die Arbeitsprozesse und die Arbeitenden selbst, schlichtweg nicht funktioniert!

1.1 Die Entwicklung des Wissensmanagements im Zeitablauf

Der wirtschaftliche Hintergrund des Wissensmanagements wird durch drei grundlegende Trends geprägt:[1]

- *Wissensgesellschaft*: Informationstechnologien sind integraler Bestandteil der Gesellschaft. Die Menschen verbringen ihre Zeit zunehmend mit der Informationsverarbeitung. Ein wachsender Teil der Wirtschaftsleistung basiert auf wissensintensiven Innovationen, so dass Wissen zu einem ökonomischen Faktor wird. Der Anteil der Menschen, deren Arbeit durch Wissen geprägt wird, nimmt zu.
- *Wissensökonomie*: Kognitive Fähigkeiten gewinnen gegenüber physischer Leistungsfähigkeit immer mehr an Bedeutung. Nicht das formale, explizite Wissen wird zum wichtigsten Produktionsfaktor und zur zentralen Schlüsselressource, sondern Erfahrungswissen, Werte, Emotionen und die damit einhergehende Fähigkeit der Selbstorganisation.

---

[1] Vgl. Reinmann (2009).

© Springer Fachmedien Wiesbaden 2015
W. Sauter, C. Scholz, *Kompetenzorientiertes Wissensmanagement*, essentials,
DOI 10.1007/978-3-658-10535-8_1

- *Wissensarbeit*: Der Anteil informationsverarbeitender Tätigkeiten nimmt weiter zu. Erst damit wird die Globalisierung der Wirtschaft möglich. Die Bedeutung von Wissen und Kompetenz sowie lebenslangem Lernen nimmt zu. Damit entstehen für die Mitarbeiter erhöhte Kommunikations-, Koordinations- und Lernanforderungen.

Wissensmanagement ist somit prinzipiell eine notwendige Reaktion auf diese Trends. Allerdings hat die Idee des Wissensmanagements nach einem euphorischen Beginn zu Anfang der 1990er Jahre ein langes Tal der Desillusionierung durchschritten (siehe Abb. 1.1).

Häufig waren Wissensmanagementprojekte in den 1990er Jahren in starkem Maße technikgetrieben, so dass der kulturelle Aspekt fast immer vernachlässigt wurde. Dies hatte oftmals zur Folge, dass die Mitarbeiter die zentral geplanten Systeme nicht nutzten, weil sie nicht bereit waren, ihr Wissen offen weiterzugeben.

Die Anforderungen an das Wissensmanagement wurden in den vergangenen Jahren vor allem durch folgende aktuelle Entwicklungen grundlegend verändert:[2]

- Wirtschaftskrisen und ökonomische Unsicherheit
- Digitale, mobile und soziale Technologien
- Demografische Verschiebungen
- Globalisierung

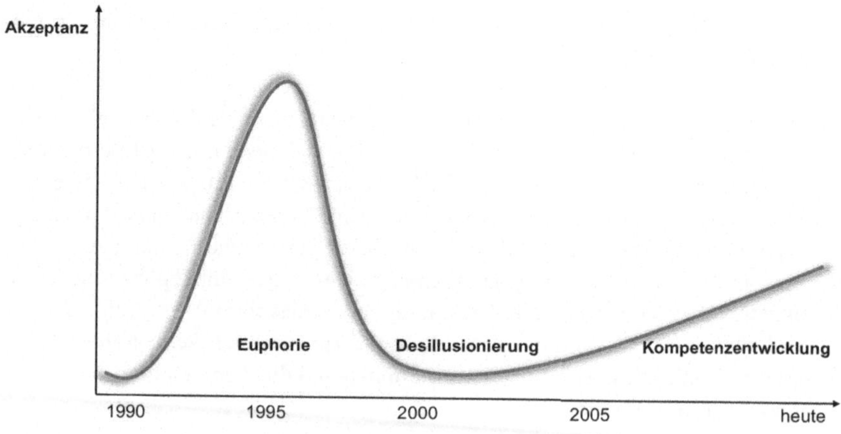

Abb. 1.1 Wissensmanagement im Zeitablauf

---

[2] Vgl. ASTD – American Society for Training & Development (2013).

Insbesondere der Megatrend der Digitalisierung verändert die Arbeitswelten, die Unternehmens- und Wissenskulturen sowie die dazugehörigen Führungsverständnisse. Die wichtigste Aufgabe des zukünftigen Human Resource Managements (HRM) wird deshalb das Kompetenz- und Wissensmanagement sein.[3]

Eine Studie der Wissensfabrik in St. Gallen führt zu folgenden Diskussionsthesen über die voraussichtlichen Veränderungen im Bereich des Human Resource Managements und damit auch des Wissensmanagements:[4]

- Die Megatrends Wissensgesellschaft, Vernetzung und Digitalisierung machen das Wissen zur wichtigsten Ressource des Unternehmens.
- Die wichtigste Aufgabe des zukünftigen Human Resource Managements liegt in der Unterstützung der Unternehmen und ihrer Mitarbeiter im und zum permanenten Wandel.
- Die Megatrends Vernetzung, demografischer Wandel, Digitalisierung, Wissensökonomie, Stress und Mobilität verändern die Arbeitswelt grundlegend.
- Im globalen Wettbewerb mit immateriellen Produkten brauchen Organisationen eine starke Marke (Employer Branding).
- Das Kompetenzmanagement wird zum Wissensmanagement – und umgekehrt.
- Das zukünftige Kompetenzmanagement orientiert sich an den individuellen Bedürfnissen der Mitarbeiter.
- Das Human Resource Management verlagert seine Prozesse immer mehr in das Netz.
- Die Kunden rücken immer stärker in den Fokus des Human Resource Managements.
- Datenmanagement ist Sache des Human Resource Managements.
- Bislang fehlen passende Organisationsformen eines „Neuen Human Resource Managements".

Stand in der ersten Phase des Wissensmanagements die zentrale Wissensspeicherung und -verteilung im Vordergrund, gewinnen im Zuge der Entwicklung zur Enterprise 2.0[5] die Aspekte

- Ermöglichung der selbstorganisierten Bewältigung von Herausforderungen in der Praxis durch die Mitarbeiter,
- Austausch und kollaborative Weiterentwicklung des Erfahrungswissens aller Mitarbeiter,

---

[3] Vgl. Chachelin (2013), S. 16–19.

[4] Nach Wissensfabrik (2012), S. 34–39.

[5] Unternehmen, die Soziale-Software-Plattformen in der Kommunikation innerhalb der Organisation, aber auch mit Partnern und Kunden nutzen (Social Business).

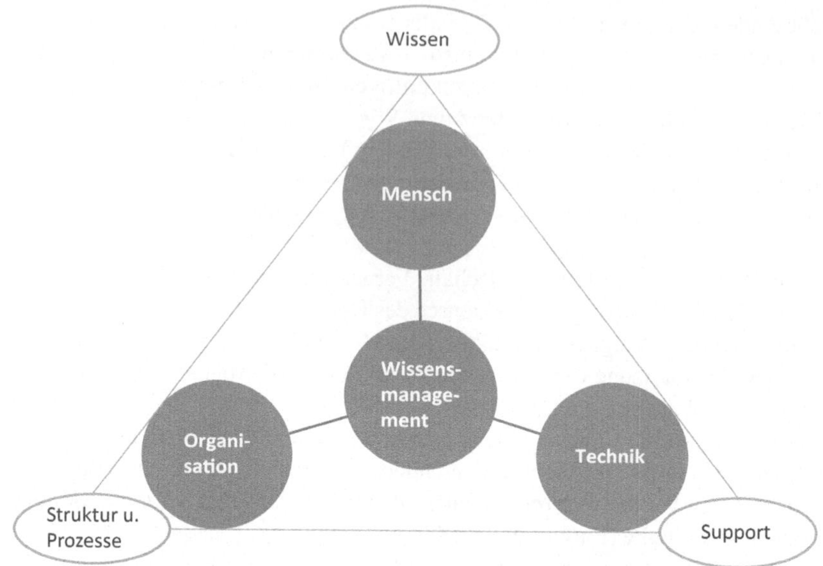

Abb. 1.2 Wirkungsmechanismen auf das betriebliche Wissensmanagement

- Förderung selbstorganisierter Lernprozesse am Arbeitsplatz und im Netz,
- Aufbau von Communities of Practice[6] sowie die
- Entwicklung einer Unternehmenskultur der Offenheit und der Selbstorganisation an Bedeutung.

1.1.1   Die Idee des Wissensmanagements

Wissensmanagement beschäftigt sich mit dem für eine Organisation relevanten Wissen, als bedeutende Ressource und mit dessen effektivem Einsatz.[7] Hasler Roumois beschreibt Wissensmanagement als die Summe aller Maßnahmen zur Steuerung und Gestaltung von Wissensprozessen innerhalb einer Organisation und nennt drei wesentliche Einflussfaktoren: die Menschen, die Organisation und die Technologie (siehe Abb. 1.2).[8]

---

[6] Virtuelle Lerngemeinschaften, die durch die Mitarbeiter selbst organisiert werden. Sie wählen die Ziele, Inhalte, Strategien, Methoden und Kontrollmechanismen ihrer Problemlösungs- und Lernprozesse selbst.

[7] Vgl. Reinmann-Rothmeier et al. (2001), S. 18.

[8] Vgl. Hasler Roumois (2007), S. 70 f.

Hierbei wird davon ausgegangen, dass der Mensch sich selbst, sein gesamtes Wissen, all seine Erfahrungen und Kompetenzen, in den Arbeitsprozess einbringt. Die Organisation stellt die dafür erforderlichen Strukturen und Prozesse zur Verfügung. Die Informationstechnologie ermöglicht in diesem Rahmen das erforderliche Wissensmanagement.

1.1.2 Daten – Information – Wissen

Die Begriffe Daten, Information und Wissen werden umgangssprachlich oftmals synonym verwendet, obwohl sie eine grundlegend unterschiedliche Bedeutung haben.

Daten bestehen aus einer Aneinanderreihung von Zeichen, die in Summe einen Sinn ergeben können. Sie gewinnen erst an Bedeutung und werden zur *Information*, wenn sie im Kontext zu einer Herausforderung stehen und einen dafür zielführenden Input liefern. Der Mensch nimmt zur Verfügung stehende Daten wahr und erkennt durch aktive Denkvorgänge deren Informationsgehalt. Er beurteilt die Relevanz für ihn aufgrund seiner Erfahrungen, seines Wissens und seiner aktuellen Bedürfnisse. Daten werden dann zu Informationen, wenn sie in einem Problemzusammenhang stehen (siehe Abb. 1.3).

Ist eine Information für die gegenwärtige Situation relevant, verbindet sie der Mensch mit seinem bestehenden Wissen und generiert daraus neues, individuelles Wissen.[9] Wissen ist somit deutlich von Information und Daten zu trennen und entwickelt sich individuell auf Basis des aktuellen Wissens eines Menschen. Deshalb

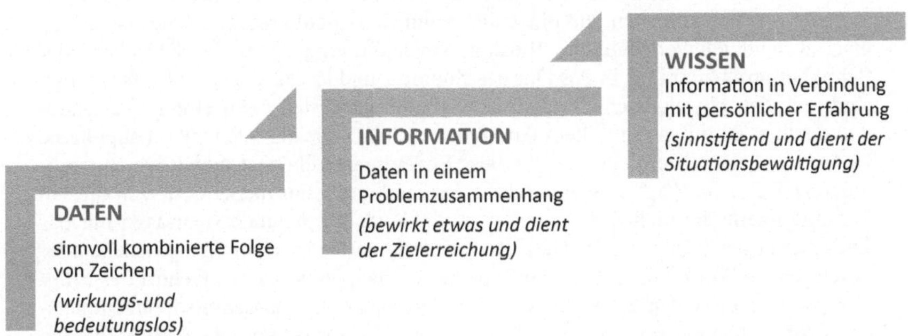

Abb. 1.3 Daten – Information – Wissen. (Quelle: Vgl. Reinmann-Rothmeier et al. (2001), S. 16)

---

[9] Vgl. Hasler Roumois (2007), S. 34 f.

Tab. 1.1 Implizites und explizites Wissen. (Quelle: Vgl. Gerhards und Trauner (2007), S. 10.)

Implizites Wissen	Explizites Wissen
Personengebunden	Wenig kontextgebunden
Im Kopf gespeichert	In Dokumenten gespeichert
Nicht sichtbar	Problemlos mitteil- und übertragbar
Subjektive Einsichten und Intuitionen	Leicht in Worte zu fassen
Schwer mitteil- und übertragbar	Leicht imitierbar
Beispiel: Fremdsprachen sprechen	*Beispiel: Fachbuch*

unterscheidet sich das Wissen eines Menschen immer von dem der anderen, auch wenn sie das gleiche Buch gelesen oder denselben Vortrag gehört haben. Fach- und Sachwissen, d. h. Wissen im engeren Sinne, wird zu Wissen im weiteren Sinne, wenn die Menschen Informationen wahrnehmen, bewerten, anwenden und zu subjektiven Erfahrungen in Beziehung setzen. Dabei wird es um Regeln, Werte, Normen, Kompetenzen und Erfahrungen, aber auch Emotionen und Motivationen erweitert.

Für das Wissensmanagement ist insbesondere auch die Unterscheidung zwischen implizitem und explizitem Wissen wichtig (siehe Tab. 1.1).

Der Biologe und Gehirnforscher Gerhard Roth ist der Ansicht, dass Wissen im umfassenden Sinn nicht einfach übertragen werden kann; es muss im Gehirn eines jeden Lernenden neu geschaffen werden.[10] Wissen lässt sich demnach nicht „vermitteln", nicht einfach weitergeben, wie es so häufig formuliert wird, es sei denn, man glaubt an die Wirksamkeit des Nürnberger Trichters.

> Könnte man Wissen wirklich vermitteln, dann wäre effektives Lehren und Lernen ein reines Problem der akustischen Kommunikation, das heißt, der Lehrende müsste nur laut und deutlich sprechen und die Zuhörer nur richtig zuhören. (…) Dies ist jedoch eine, wenngleich verständliche Illusion. Denn dasjenige, was der Sprecher oder Schreiber produziert und an das Ohr des Zuhörers und in das Auge des Lesers dringt, sind lediglich physikalische Ereignisse (Schalldruckwellen beim Hören, Verteilungen dunkler Konturen auf hellem Grund beim Lesen), die als solche überhaupt keine Bedeutung haben. Vielmehr entsteht diese Bedeutung auf höchst subjektive und individuelle Weise im Kopf bzw. im Gehirn des Zuhörers – nur merken wir von diesem Vorgang überhaupt nichts, da er unbewusst abläuft; wir nehmen sozusagen nur das Endprodukt des Prozesses der Bedeutungserzeugung wahr. Damit gesprochene oder geschriebene Worte und Sätze eine Bedeutung erlangen, muss das Gehirn des Empfängers über ein entsprechendes Vorwissen verfügen, es müssen also Bedeutungskontexte vorhanden sein, die den Zeichen ihre Bedeutung verleihen. Bedeutungen

---

[10] Vgl. Roth (2011).

können somit gar nicht vom Lehrenden auf den Lernenden direkt übertragen, sondern müssen vom Gehirn des Lernenden konstruiert werden.[11]

Explizites Wissen ist für eine Organisation leicht zugänglich, da es bereits dokumentiert, verteilbar und nicht an einen bestimmten Kontext gebunden ist. Deshalb konzentrierten sich die Wissensmanagementsysteme der ersten Generation auf diese Art von Wissen. Implizites Wissen hingegen ist nur in den Köpfen der einzelnen Mitarbeiter der Organisation verankert, ist nicht visualisiert und für andere daher schwer zugänglich und nutzbar. Genau auf dieses bedarfsgerechte, implizite Wissen zielt betriebliche Kompetenzentwicklung ab.

1.1.3 Wissensmanagement und kompetenzorientiertes Wissensmanagement

Wissensmanagement kann wie das Wissen selbst in einem engeren und einem weiteren Sinn definiert werden.

Wissensmanagement im engeren Sinne ist Informationsmanagement. Dabei werden unternehmensrelevante Informationen durch Experten den meist passiven Nutzern des Systems, z. B. Mitarbeitern und Führungskräften, zur Verfügung gestellt.

Die Informationen werden dann meist so bereitgestellt und aufgearbeitet, wie es lange Zeit das traditionelle Bildungssystem organisiert hat und wie es aus der Sicht von Bildung als Bringschuld auch sinnvoll ist: Auswahl, Reihenfolge und Art der Darbietung werden vom Lehrenden oder zentralen Experten geleistet. Auf Basis dieser Inputorientierung wird die Information dem Mitarbeiter angeboten.

Das Wissen im engeren Sinne kommt ganz ohne Kompetenzen und ihre Wertekerne aus. Kompetenzen und Werte hingegen basieren auf Wissen im engeren Sinne. Darüber hinaus schließen Kompetenzen allerdings Werte und Erfahrungen ein, die sich nur teilweise oder überhaupt nicht auf Wissen im engeren Sinne beziehen, auf explizites Sach- und Methodenwissen gründen und stattdessen zu verdeutlichendes Wissen oder deutende Werte einschließen. Wissensmanagement wird in diesem erweiterten Sinne weitgehend zum Kompetenzmanagement.[12]

Wissensmanagement im weiteren Sinne ist kompetenzorientiert und umfasst neben dem Wissen im engeren Sinn Werte, Regeln, Normen und Erfahrungen.

---

[11] Roth und Lück (2010), S. 40.

[12] Vgl. Probst et al. (2000).

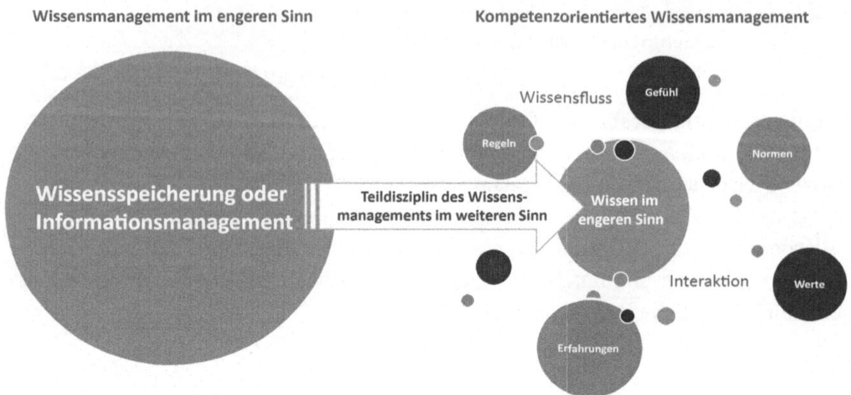

Abb. 1.4 Vom Wissensmanagement im engeren Sinn zum kompetenzorientierten Wissensmanagement

Hinzu kommen Gefühl, Intuition und Kreativität beim Umgang mit Information und Wissen. Wissen wird demnach mit Werthaltungen verknüpft.[13]

Nicht mehr die Wissensspeicherung, sondern der Wissensfluss kennzeichnet Wissensmanagementsysteme in der erweiterten Form. Dieser bildet die notwendige Grundlage für einen gezielten Kompetenzaufbau der Mitarbeiter im Sinne der Fähigkeit, Problemstellungen im Arbeitsprozess selbstorganisiert und kreativ zu lösen. Deshalb sprechen wir vom *kompetenzorientierten Wissensmanagement* (siehe Abb. 1.4).

Wir sehen das Verhältnis von Wissen und Werten als wichtigstes Unterscheidungskriterium für die grundlegenden Ausprägungen des Wissensmanagements. Werte, als Resultate von Bewertungen, sind etwas sehr Geheimnisvolles und zugleich ganz Alltägliches. Sie durchdringen unser gesamtes Leben und Handeln. Wir handeln kaum, ohne dass wir – bewusst oder unbewusst – werten, ob das, was wir gerade tun, Genuss bereithält (hedonistische Wertung), Nutzen verspricht (utilitaristische Wertung), ethisch gut ist (ethische Wertung) oder sozial-organisatorisch etwas bringt (politische Wertung). Alle unsere Empfindungen, Gefühle, Wünsche, Vermutungen, Zweifel, Befürchtungen, Hoffnungen, Bedürfnisse, Interessen, Einstellungen, Meinungen, Haltungen, Ansichten, Überzeugungen, Vorurteile, Ablehnungen, Glaubensvorstellungen und dergleichen sind Werte oder enthalten maßgeblich Werte. Werte sind kein deklaratives Wissen, kein Sach- und Faktenwissen, kein Informationswissen. Sie sind nicht wahr oder falsch. Sie werden von

---

[13] Vgl. Reinmann-Rothmeier und Mandl (1999).

Einzelnen, Gruppen, Organisationen, Unternehmen, Nationen, Völkern, ja manche von der Weltbevölkerung akzeptiert oder abgelehnt.[14] Deshalb benötigen die Unternehmen ein Wissensmanagement im weiteren Sinn.

1.1.4   Bedeutung des Wissensmanagements

In der Diskussion der Anfangsphase des Wissensmanagements bestand weitgehend Einigkeit darüber, dass Wissen Wettbewerbsvorteile verschaffen kann und damit die Voraussetzung für den Unternehmenserfolg bildet. Die Wissensarbeit wurde jedoch immer komplexer und hat eine Veränderung der Anforderungen an die heutigen Mitarbeiter zur Folge. Hierbei sind insbesondere folgende Faktoren von Bedeutung:[15]

- Die Menge an Wissen steigt exponentiell an.
- Die Prozesse zur Wissensverarbeitung werden immer schneller.
- Die Vernetzung der Arbeit wird immer komplexer.
- Die globale Vernetzung verstärkt sich.
- Die schnellere Leistungserbringung kann einen Wettbewerbsvorteil schaffen.
- Die Qualität der angebotenen Leistungen steigt.
- Zusätzliche, neuartige Dienstleistungen werden angeboten.
- Der Austausch mit anderen Kulturen erfordert entsprechende Kompetenzen.
- Werte wandeln sich.

Der Umgang mit dem Wissen einer Unternehmung wird deshalb zur Managementaufgabe. Dies setzt voraus, dass zunächst transparent gemacht wird, welches Wissen aktuell zur Verfügung steht. Auf dieser Basis können Strategien entwickelt werden, das bestehende Wissen effizient einzusetzen. Dabei spielen die herrschenden Denk- und Handlungsweisen der Mitarbeiter und Führungskräfte sowie die Unternehmenskultur eine zentrale Rolle.[16]

Wissensmanagement erfüllt nur dann seinen Zweck, wenn es einen spürbaren Beitrag zur Wertschöpfung eines Unternehmens leistet. Um diese Wirkung zu bewerten, kann u. a. das intellektuelle Kapital der Unternehmung, die immateriellen Werte (Intangible Assets), gemessen werden. Dabei werden Vermögenswerte identifiziert, die nicht in der Bilanz abgebildet werden, wie zum Beispiel Kreativität,

---

[14] Vgl. Arnold und Erpenbeck (2014), S. 40.

[15] Vgl. Pabel (2005), S. 15 f.

[16] Vgl. Rump (2010), S. 286.

Wissen und Erfahrungen oder Beziehungen der Mitarbeiter zu Kunden, Lieferanten oder Partnern. Eine weitere Möglichkeit liegt darin, den Nutzen der eingesetzten Wissensmanagementmethoden im Hinblick auf den Unternehmenserfolg zu bewerten.[17] Ein Beispiel dafür ist die Ermittlung der Differenz zwischen Marktwert, z. B. dem Börsenwert, eines Unternehmens und dem materiellen Buchwert. Daneben wird die Wissensbilanz eingesetzt, bei deren Erstellung Einzelpersonen nach ihren Einschätzungen zu den immateriellen Werten ihres Unternehmens befragt werden.[18] Damit verwertbare und vergleichbare Ergebnisse erzielt werden, sind eine Standardisierung der Verfahren sowie empirisch untermauerte Methoden zur Ermittlung von Zusammenhängen zwischen immateriellen Werten und fundamentalen Unternehmenswerten erforderlich. Erste Ansätze dazu finden bereits Anwendung, beschränken sich jedoch häufig auf Indikatoren, deren Aussagefähigkeit noch relativ gering ist, wie z. B. Ausgaben je Mitarbeiter für Weiterbildung.

1.2 Warum das Wissensmanagement-Modell nach Probst et al. nicht (mehr) funktioniert

Ein weit verbreitetes und vordergründig leicht anwendbares Modell des Wissensmanagements wurde von Probst, Raub und Romhardt entwickelt.[19] Der Begriff des Wissensmanagements wird dabei anhand von Bausteinen operationalisiert. Die Anordnung der Bausteine erfolgt nach zwei Prinzipien. Ein äußerer Kreislauf mit den Elementen Zielsetzung und Bewertung sowie einem inneren Bereich der Umsetzung, der sich aus den Bausteinen Wissensidentifikation, -erwerb, -entwicklung, -(ver)teilung, -nutzung und -bewahrung zusammensetzt, bilden einen traditionellen Managementprozess ab. Aufgabe dieses Regelkreises ist es primär, die Bedeutung strategischer Aspekte im Wissensmanagement sowie die Bedeutung konkreter Zielsetzungen darzustellen.

Die *Wissensziele* legen fest, auf welchen Fähigkeiten im Unternehmen aufgebaut werden soll. Dabei werden drei Arten von Wissenszielen unterschieden:

- Normative Ziele sollen eine wissensbewusste Unternehmenskultur schaffen.
- Strategische Wissensziele beschreiben den zukünftigen Kompetenzbedarf eines Unternehmens, indem sie dessen „Kernwissen" festlegen.
- Operative Wissensziele definieren die Vorgaben für die Umsetzung des Wissensmanagements und die Verwirklichung der normativen und strategischen Ziele.

---

[17] Vgl. Reinmann-Rothmeier et al. (2001), S. 19 f.

[18] Vgl. Linde und Broderesen (2008), S. 30 ff.

[19] Vgl. Probst et al. (2006), S. 28 ff.

In der abschließenden *Wissensbewertung* werden die Methoden der Erfolgskontrolle festgelegt.

Im inneren Kreislauf befinden sich die folgenden Kernprozesse.

Diese Kernprozesse umfassen vor allem folgende Aspekte (siehe Abb. 1.5).

1. *Wissensidentifikation*: In dieser Phase wird internes und externes Wissen transparent gemacht, analysiert und beschrieben.
2. *Wissenserwerb*: Wissen wird aus allen unterschiedlichen Quellen bezogen. In dieser Phase werden der Aufbau neuer Kompetenzen und die Entwicklung innovativer Ideen und leistungsfähigerer Prozesse ermöglicht.
3. *Wissensentwicklung*: In diesem Prozessabschnitt werden alle Managementanstrengungen gebündelt, mit denen sich die Organisation bewusst um den Aufbau intern und extern noch nicht existierender Fähigkeiten bemüht. Wichtige Handlungsbereiche waren in der ersten Phase des Wissensmanagements eine gezielte Forschungs- und Entwicklungsarbeit oder die Mitarbeiterqualifizierungen. In zunehmendem Maße wird Wissen jedoch aus kollaborativen Lernprozessen im Prozess der Arbeit entwickelt.
4. *Wissens(ver)teilung*: Wissen kann nur erworben, entwickelt und damit genutzt werden, wenn es von den Mitarbeitern geteilt wird. Ansonsten ist kein Wissensmanagement möglich. Dafür müssen intuitiv nutzbare Systeme zur Verfügung gestellt werden. Gleichzeitig muss auch eine Kultur entwickelt werden, die die Weitergabe und die Nutzung von Wissen beinhaltet.
5. *Wissensnutzung*: Nur wenn die Mitarbeiter bereit sind, Wissen anderer mit dem Ziel der Wertschöpfung zu nutzen, wird Wissensmanagement seine Wirkung

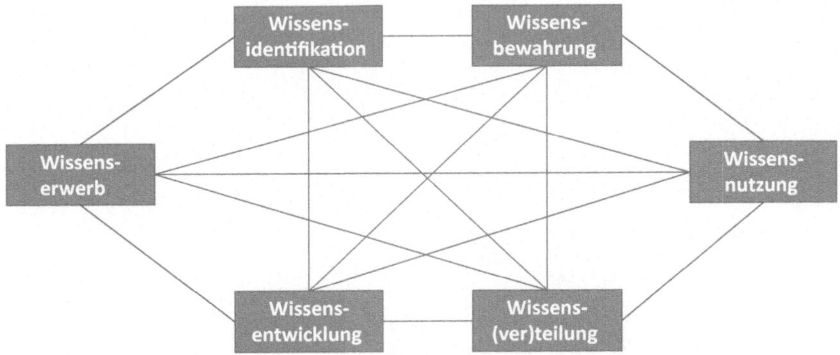

Abb. 1.5 Kernprozesse des Wissensmanagements nach Probst et al.

erzielen. Wissensmanagement muss deshalb in die Arbeits- und Lernprozesse integriert werden.

6. *Wissensbewahrung*: Dieser Bereich umfasst die Selektion, Speicherung und Aktualisierung von dokumentiertem Wissen. Die Wissensdokumentation für eine spätere Nutzung ist gezielt zu organisieren und als Prozess zu definieren.

Dieses Bausteinmodell wirkt plausibel und wurde in vielen Unternehmen vielfach praktisch angewendet. Es fehlt allerdings ganz klar der Bezug zu den Unternehmenszielen. Das ursprüngliche Ziel, innerhalb einer Organisation eine allgemeingültige und anwendbare Wissensbasis für alle möglichen Herausforderungen, quasi auf Knopfdruck, abrufbar zu haben, ist schlichtweg nicht umsetzbar. Dieser naiven Vorstellung steht schon die Erfahrung entgegen, dass keine Problemstellung der anderen gleicht. Die Rahmenbedingungen ändern sich permanent, aber auch die Lösungsmöglichkeiten entwickeln sich aufgrund neuer Technologien oder veränderter Rahmenbedingungen weiter.

Entscheidend ist, dass explizites Wissen im engeren Sinn im Regelfall nicht ausreicht, um Herausforderungen in der Praxis zu lösen. Es werden deshalb Wissensmanagementprozesse im weiteren Sinne benötigt. Diese Prozesse können jedoch nicht top-down verordnet werden, da sie eine grundlegende Änderung der Denk- und Handlungsweisen aller Beteiligten erfordern. Eine grundlegend veränderte Unternehmenskultur ist notwendig.

Deshalb sind die Wissensmanagementprozesse der ersten Generation nach unseren Erfahrungen in den Unternehmen nach kurzer Zeit meist wieder „eingeschlafen". Lediglich in Organisationen, bei denen die Mitarbeiter den Nutzen dieses Wissensmanagements direkt erfahren, wie z. B. in Unternehmensberatungen aufgrund eines breiten Schatzes an Case-Studies und Textbausteinen, hat es sich durchgesetzt.

Die immer schnelleren Veränderungen in der Arbeitswelt führen dazu, dass die Mitarbeiter zunehmend individuelle Lösungen entwickeln müssen. Die tägliche Arbeit erfordert deshalb einen permanenten Lernprozess. Dabei nutzen die Mitarbeiter immer mehr ihre Netzwerke – in direkter Kommunikation, aber immer öfter über das Netz.[1] Innovative Kommunikationstechnologien führen jedoch nicht automatisch zu einem erfolgreichen Wissensmanagement, da eine reine Dokumentation oder Übermittlung von Informationen kein verwertbares Wissen darstellt. Deshalb sind kollaborative Lernprozesse bei der gemeinsamen Bearbeitung von Problemstellungen erforderlich, in denen eine Metamorphose von Informationen zu handlungswirksamem Wissen erfolgen kann.[2] Bei der folgenden Anwendung dieses neu aufgebauten Wissens in Arbeitsprozessen entstehen neue Routinen und Erfahrungswissen, so dass schrittweise Kompetenzen aufgebaut werden.[3] Damit wachsen Lernen und Arbeiten zusammen. Seminare mit ihrer skandalös niedrigen Umsetzungsrate in die Praxis verlieren an Bedeutung.

2.1 Anforderungen an ein zeitgemäßes Wissensmanagement

Viele Unternehmen gehen heute immer noch von der Illusion aus, dass organisationales Wissen, vom Menschen abgekoppelt, expliziert werden kann, um es in den Arbeitsprozessen flexibel anwenden zu können. Da dies schlichtweg unmöglich ist, bedeutet dies eine fahrlässige Ressourcenverschwendung.

---

[1] Vgl. Pabel (2005) S. 21 f.

[2] Vgl. Fahrenwald (2005) S. 88.

[3] Vgl. Hasler Roumois (2007) S. 119.

© Springer Fachmedien Wiesbaden 2015
W. Sauter, C. Scholz, *Kompetenzorientiertes Wissensmanagement*, essentials,
DOI 10.1007/978-3-658-10535-8_2

Wissensmanagement muss sich an den Unternehmenszielen orientieren, indem es die Entwicklung, Verteilung und Nutzung organisational relevanten Erfahrungswissens ermöglicht und dafür eine barrierefreie, nutzerfreundliche Infrastruktur zur Verfügung stellt.

Entscheidend für den Erfolg ist daneben aber die Bereitschaft aller Mitarbeiter, ihr Wissen im weiteren Sinne im Rahmen von kollaborativen Lernprozessen weiterzugeben bzw. zu nutzen. Das Wissen einer Unternehmung wird von allen Mitarbeitern im Prozess der Arbeit entwickelt. Deshalb sind die Rahmenbedingungen und die Arbeits- sowie Lernprozesse so zu gestalten, dass Wissensmanagement im erweiterten Sinne und damit die Entwicklung von Kompetenzen ermöglicht wird.

Erpenbeck und *Sauter*[4] definieren den Begriff „Kompetenz" wie folgt:*„Unter Kompetenzen verstehen wir Dispositionen zur Selbstorganisation, also Selbstorganisationsdisposition"*.

Kompetenzen zeigen sich damit immer in den Handlungen der Mitarbeiter. Sie werden nicht genetisch überliefert, sondern beruhen auf selbstorganisierten Denk- und Handlungsprozessen des Individuums. Kompetenzen können als Befähigung gesehen werden, neue Herausforderungen mit hoher Komplexität, großer Unsicherheit und ungewissem Ausgang, mithilfe kreativer Handlungen, zu bewältigen.

Erst der Anwendungsbezug, also der Einsatz von Wissen im Arbeitsprozess, die Gewinnung von Erfahrungswissen, die regelmäßigen Rückmeldungen über den Arbeitserfolg durch das Netzwerk und der stetige Aufbau von Wissen im weiteren Sinne mit Emotionen, Werten und Normen führen letztendlich zur Entwicklung von Kompetenzen (siehe Abb. 2.1).

Die Darstellung legt nahe, das Wissensmanagement Stufe für Stufe vom Einfachen zum Komplexen hin aufzubauen – mit strategischen Rückblicken auf das Woraus und das Wie. Das Bild ist nicht nur schlüssig, sondern auch praktisch hervorragend umsetzbar. Aus Daten, Informationen und Wissen im engeren Sinne gewinnen Personen und Organisationen Handlungsfähigkeiten, Kompetenzen, schließlich ihre Einzigartigkeit und Wettbewerbsfähigkeit. Erfahrungen, Erlebnisse, Anschauungen, Überzeugungen sind die elementaren Wissensbestandteile.[5]

Kompetenzorientiertes Wissensmanagement hat zum Ziel, Wissensaufbau im weiteren Sinn zu ermöglichen und für alle Mitarbeiter nutzbar zu machen, also die Mitarbeiter und damit die gesamte Organisation kompetenter werden zu lassen. Wissen wird bei Bedarf „on demand" selbstorganisiert von den Mitarbeitern recherchiert und in den Arbeits- bzw. Lernprozess integriert.

---

[4] Erpenbeck und Sauter (2007), S. 65.

[5] Vgl. Arnold und Erpenbeck (2014), S. 44.

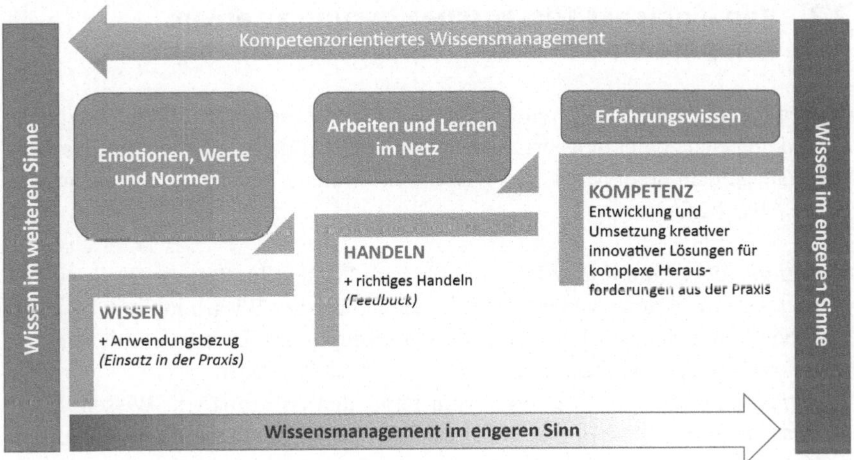

Abb. 2.1 Der Weg zum kompetenzorientierten Wissensmanagement

Die Entwicklung von Kompetenzen stellt einen allgegenwärtigen Lernprozess am Arbeitsplatz dar. Deshalb sind dafür die entsprechenden Rahmenbedingungen erforderlich, z. B.:

- neue Herausforderungen,
- die Erlaubnis dazu,
- persönliche Voraussetzungen (Wissen, Wollen etc.) und
- gegebenenfalls Unterstützung.

Siebert betont, dass der Kompetenzerwerb nicht frei von Inhalten stattfinden kann, sondern den selbstorganisierten Wissensaufbau voraussetzt.[6] Darüber hinaus können Kompetenzen auch nicht vermittelt werden, sondern nur in Form von emotionaler Labilisierung, d. h. der Verinnerlichung von Werten in der Praxis, aufgebaut werden. Deshalb muss das erweiterte Wissensmanagement in die Arbeits- und Lernprozesse integriert werden.

---

[6] Vgl. Siebert (2008), S. 107 und Siebert (2015).

2.2 Von einfacher Wissensspeicherung zu einem kompetenzorientierten Wissensmanagement

Wissen im engeren und im weiter Sinne sind die wesentlichen Voraussetzungen für Kompetenzentwicklungsprozesse. Nonaka und Takeuchi haben für das Wissensmanagement den Prozess der Wissensentwicklung in vier Stufen beschrieben (siehe Abb. 2.2).[7]

1. *Sozialisation:* Vom impliziten zu implizitem Wissen: Im Prozess der Sozialisation wird Erfahrungswissen geteilt, so dass implizites Wissen in Form mentaler Modelle oder technischer Kompetenzen erzeugt wird. Dies kann mit Sprache, durch Imitation, Beobachtung oder Übung erreicht werden.
2. *Artikulation (Externalisierung):* Vom impliziten zu explizitem Wissen: Diese Phase ist der Schlüsselprozess bei der Wissensumwandlung, da neue explizite Konzepte aus implizitem Wissen über das Bilden von Metaphern, Analogien, Konzepten, Hypothesen oder Modellen geschaffen werden.
3. *Kombination:* Vom expliziten zu explizitem Wissen: In dieser Phase werden Konzepte in ein Wissenssystem eingeordnet. Damit werden isolierte Teile zu einem gemeinsamen Ganzen verbunden. Die Mitarbeiter tauschen und kom-

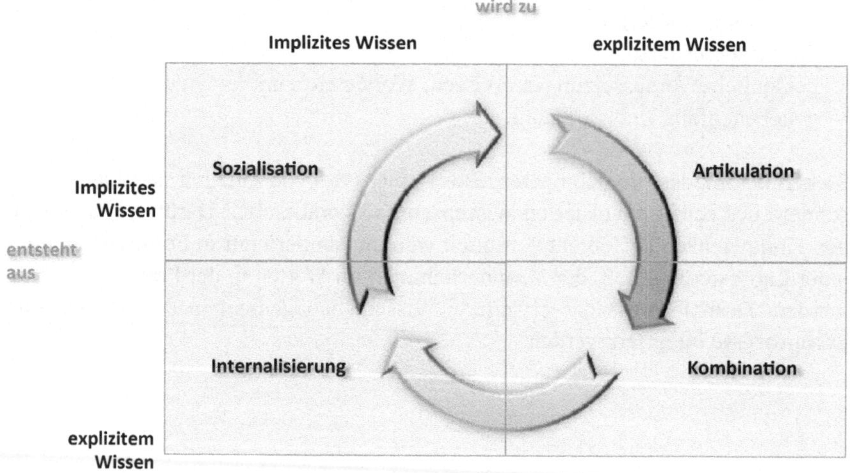

Abb. 2.2 Prozess der Wissensentwicklung nach Nonaka und Takeuchi

---

[7] Vgl. Nonaka und Takeuchi (1997).

binieren Wissen in realen oder virtuellen Treffen, über Telefonate oder soziale Medien synchron oder asynchron. Neues Wissen entsteht durch Kombination, Hinzufügen, Sortieren oder Kategorisieren.
4. *Internalisierung:* Vom expliziten zu implizitem Wissen: In dieser Phase wird explizites Wissen durch praktischen Einsatz zu implizitem Wissen verinnerlicht.

Entscheidend ist die kontinuierliche Transformation individuellen Wissens in kollektives Wissen (ontologische Dimension) und die Überführung personengebundenen Wissens in allgemein zugängliches Wissen (epistemologische Dimension).

In der Phase der „Kombination" wird neues explizites Wissen mit dem eigenen Wissen verknüpft. Wird das neu generierte Wissen in der Praxis angewandt, wird es zunehmend verinnerlicht. Praxistaugliches Wissen wird anschließend im Rahmen der kollaborativen Lösung von Herausforderungen in der Praxis gemeinsam angewandt und damit weitergegeben bzw. verteilt. Es entsteht ein neuer Kreislauf der Wissensgenerierung. Damit entwickelt sich eine gemeinsame Wissensbasis der Organisation. Die Spirale beginnt immer wieder von neuem. Eine zentrale Rolle spielen dabei die Unternehmensstrategie, aus der sich die Zielrichtung des Wissensmanagements ableitet, und die Unternehmenskultur, die sich in einem laufenden Prozess weiterentwickelt.

Sozialisation ist ein allgegenwärtiger Prozess, der auf einer förderlichen Kommunikations- und Lernkultur aufbaut. Eine wesentliche Voraussetzung dafür sind intuitiv handhabbare und im täglichen Arbeitsprozess, losgelöst von Ort und Zeit, nutzbare Wissensmanagement-Tools (siehe Abb. 2.3).

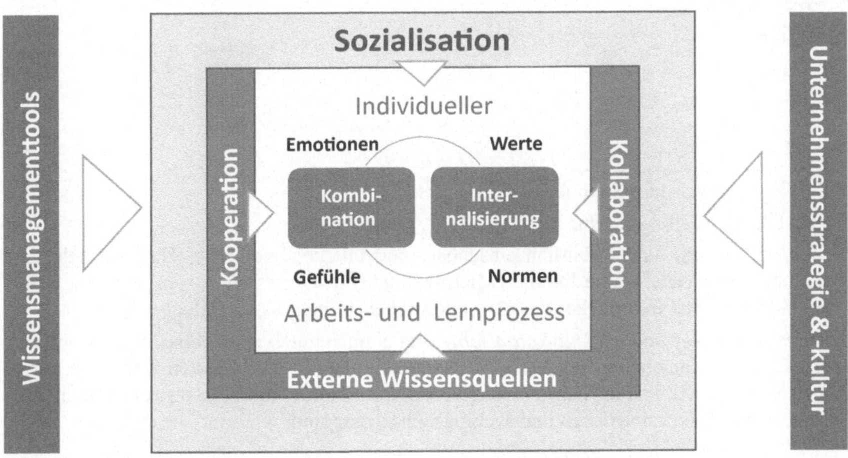

Abb. 2.3 Prozess der Wissensentwicklung in der Enterprise 2.0

2.3 Webbasierte Wissensmanagement-Tools

Ein „Tool" oder „Werkzeug" ist ein Hilfs- bzw. Arbeitsmittel, das die sonst eingeschränkten Handlungsmöglichkeiten der Menschen erweitert. In der Informatik wird ein „Tool" als kleines Anwendungsprogramm verstanden. Mit dem Begriff „Wissensmanagement-Tool" werden Software-Lösungen zur Ermöglichung von betrieblichen Wissensmanagementprozessen bezeichnet.[8] Ein webbasiertes Wissensmanagement-Tool ist demnach eine Anwendung bzw. Applikation, die im Netz zur Verfügung gestellt wird und dadurch Wissensmanagement zu jeder Zeit und an jedem Ort möglich macht.

2.3.1 Neue Medien: Social Software und Web 2.0

Die Begriffe „Social Software" oder „Web 2.0" wurden in den 1990er Jahren etabliert und stehen für Anwendungen, die im Internet zum aktiven Austausch von Informationen dienen, sowie für die kollaborative Zusammenarbeit und soziale Vernetzung zur Verfügung. Social Software Tools umfassen Interaktions- und Kommunikationsmöglichkeiten im Internet, die die Nutzer zur aktiven Teilnahme animieren.[9] Sie können von einer unbegrenzten Zahl von Mitarbeitern genutzt werden. Ein wesentliches Merkmal ist der dynamische Charakter, so dass sich das organisationale Wissen durch die Mitarbeiter ständig weiterentwickelt.

Die wichtigsten Social Software- bzw. Web 2.0 Tools sind

- Weblogs[10],
- Wikis[11],

---

[8] Vgl. Kreidenweis und Steincke (2006), S. 68.

[9] Vgl. Tillmann (2008), S. 96.

[10] *Weblogs (Blogs)* sind öffentlich einsehbare persönliche Beiträge, z. B. Tagebücher, im Web, bei denen viele kleine Inhalte (Micro-Content) in Form von Texten, Bildern, Sound oder Videos (Posts) in umgekehrter chronologischer Reihenfolge abgelegt werden.

[11] *Wikis (Wikiwiki = schnell [hawaiianisch])* sind einfach nutzbare, webbasierte Autorensysteme (Content Management System), bei denen alle Besucher alle Seiten verändern dürfen (Open Editing). Sie sind asynchrone und webbasierte Kommunikationsinstrumente, die vergleichbar mit Diskussionsforen und Weblogs einsetzbar sind.

- Tagging[12] und
- RSS[13].

Social Software ist auch Kompetenzentwicklungs-Software.[14] Damit ist sie für das erweiterte Wissensmanagement geeignet. Eine wichtige Rolle spielen dabei die sogenannten *Metadaten*, welche Informationen über Daten darstellen, die mittels Kategorisierungen und Bewertungen durch einen oder mehrere User generiert werden. Die Inhalte sind dadurch in einem sich selbst organisierenden System integriert, stehen in mehr oder weniger bewerteter Form zur Verfügung und tragen so zu einer permanenten Reflexion bei. Web 2.0 Tools ermöglichen aktuelle und wertende dialogische Auseinandersetzungen mit bestehendem Wissen und Informationen. Sie fördern dadurch die Entstehung neuer Sichten, die Entwicklung neuen Wissens und situiertes Lernen.

2.3.2   Konnektivismus – Lernen im Netz

George Siemens entwickelte vor wenigen Jahren eine pragmatische Lernkonzeption, die die veränderten Lernbedingungen aufgrund der technologischen Entwicklung, die wachsende Vernetzung sowie den „Informations Overkill" aufgriff.[15] Er misst dabei dem Lernen im und durch das Netz(-werk) eine zentrale Bedeutung bei: *„learning as network creation"*. Deshalb hat er für seine Lerntheorie den Begriff *Connectivism* (dt. *Konnektivismus*) geprägt. Unser Lernen verändert sich jedoch nicht nur aufgrund moderner Lerntechnologie. Hinzu kommen insbesondere folgende Ursachen: Lernen und arbeitsbezogene Aktivitäten sind immer öfter identisch Unser Denken und Handeln verändert sich, weil wir immer mehr technische Hilfsmittel nutzen. Es wird immer wichtiger zu wissen, wo ich Wissen finde und wie ich es für meine Problemlösungen nutzen kann.

In der globalisierten Welt , vernetzten Wissensgesellschaft ist es noch weniger als früher möglich, alle benötigten Erfahrungen selbst zu machen. Hinzu kommt, dass unser Wissen exponentiell wächst. Mit der sinkenden Halbwertzeit des Wissens hat sich gleichzeitig auch die Art zu lernen und zu kommunizieren grund-

---

[12] Tagging erlaubt das Zuordnen von frei definierbaren Schlagwörtern zu einzelnen Inhalten einer Website. Alle Beiträge zu einem Schlagwort können automatisch auf einem Channel (Website, RSS-Feed …) zusammengefasst werden.

[13] *RSS (Really Simple Syndication)* ermöglicht es, bestimmte Informationen im Web zu abonnieren (vgl. Koch und Richter (2009), S. 9 und 189).

[14] Vgl. Erpenbeck und Sauter (2007).

[15] Vgl. Siemens (2004) und Siemens (2006).

legend verändert. Lernen erfolgt im Wechselspiel zwischen dem Individuum und seiner Umwelt und ist grundsätzlich an den Kontext gebunden. Den größten Teil unseres Wissens bekommen wir durch dritte Personen, durch Organisationen oder über Datenbanken. Lernen ist damit ein Prozess, der nicht nur von der eigenen Person, sondern auch stark vom Umfeld abhängig ist. Nur wer bedarfsgerechte Netzwerke aufbaut, kann sein Wissen immer aktuell und problemgerecht sichern.

Netzwerke sind die Verbindung zwischen verschiedenen Elementen, wie z. B. einzelnen Menschen, ganzen Gruppen oder online verfügbarer Software bzw. Datenbanken. Deshalb benötigen Lerner in einem konnektivistischen Lernsystem eine offene Kommunikations- und Lernumgebung, in der zusätzlich effiziente Interaktionsmöglichkeiten mit Netzwerkpartnern für kollaboratives Arbeiten geboten werden. Die Lerner benötigen die Fähigkeit, relevantes Wissen für den Lernprozess zu identifizieren, zu bewerten, zu beschreiben und in einem gemeinsamen Prozess mit Lernpartnern weiterzuentwickeln. Die Lehrenden werden immer mehr die Rolle eines Lernbegleiters übernehmen, der aktiv zuhört, beobachtet, Feedback gibt, berät und flankiert. Dabei reflektiert er nicht nur die Mittel und Methoden der Wissens- und Wertkommunikation, sondern schafft aktiv Entwicklungssituationen, in denen optimale Wissensaneignung und Wertinteriorisation möglich werden.

Aufbauend auf der Lernkonzeption des Konnektivismus sind folgende Grundsätze von Bedeutung:

- Die Entscheidung über die Ziele der Lernprozesse liegt primär bei den Lernern und bildet einen eigenständigen Lernprozess.
- Im Kreislauf der Kompetenzentwicklung wird das persönliche Wissen des Einzelnen in ein Netzwerk integriert und in einem gemeinsamen Lernprozess unter Nutzung innovativer Technologien weiterentwickelt.
- Lernen kann damit auch außerhalb einzelner Personen angesiedelt sein (Organisationales Lernen).
- Das gemeinsame Wissen wird im Netzwerk verteilt und dient allen Mitarbeitern als Lernquelle („cycle of knowledge development").
- Lernen ist ein Prozess, bei dem verschiedene Wissensquellen und -knoten miteinander verbunden werden.
- Lernen umfasst nicht nur Wissensvermittlung oder Qualifikation, sondern auch Werte, Denkhaltungen und Normen sowie ihre Aneignung in Form von Emotionen und Motivation.
- Die Fähigkeit, immer aktuelles Wissen zu erlangen, ist für die Lerner wichtiger als ihr persönliches Wissen.
- Es ist wichtiger zu wissen, wo man Wissen finden kann, als die Informationen auswendig zu kennen.

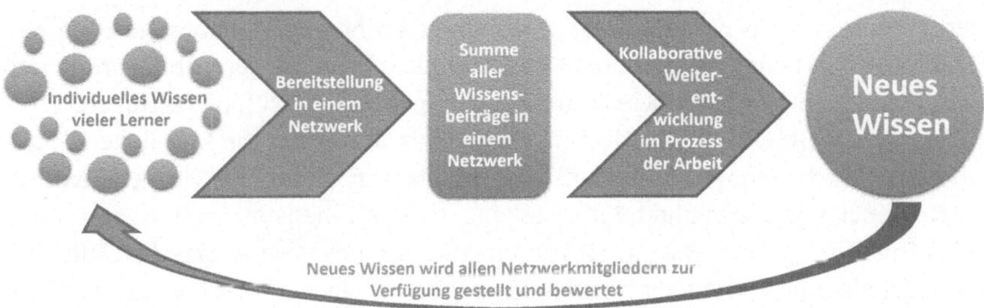

Abb. 2.4 Prozess des erweiterten Wissensmanagements

Lernen erfolgt damit in differenzierten Lernarrangements aus formellem und informellem Lernen in Verbindung mit verschiedenen Lernformen, Sozialformen, Medien und vielfältigen Kommunikations- und Dokumentationsmöglichkeiten (Blended Learning).

Die Summe aller Wissensbeiträge fördert die Arbeits- und Lernprozesse im Unternehmen und die Weiterentwicklung des vorhandenen Wissens, welches wiederum allen Netzwerkmitgliedern zur Verfügung steht (siehe Abb. 2.4).[16]

Konnektivismus ist nach unserer Ansicht keine eigenständige Lerntheorie, sondern eine pragmatische Lernkonzeption, welche die gesellschaftlichen Veränderungen im Lernen von Menschen aktiv aufgreift und konsequent in die geplanten Lernprozesse integriert. Wir nutzen dafür die Möglichkeiten des Austauschs von Erfahrungswissen, z. B. über Blogs, Wikis oder Foren. Instrumente des Web 2.0 (Social Software) gewinnen immer mehr an Bedeutung, weil sie den Wissensaustausch und die Kompetenzentwicklung in Netzwerken und über das Netz optimal fördern. Konnektivismus ist damit eine Erweiterung der vorherrschenden Lerntheorien, die auf die besonderen Anforderungen der globalisierten Wirtschaft und des digitalen Zeitalters eingeht.

2.3.3 Webbasierte Wissensmanagementtools mit Unterstützungspotenzial für Kompetenzentwicklung

Eine effiziente Wissenskommunikation in Unternehmen kann mittels webbasierter Tools ermöglicht werden, sofern ein kompetenzorientiertes Arbeits- und Lernarrangement umgesetzt wird.[17] Social Software wird von den Nutzern selbstorgani-

---

[16] Vgl. Scholz. (2014), S. 27.

[17] Vgl. Dürr et al. (2004), S. 71 ff.

siert gestaltet und ist vor allem durch Kommunikation und Kollaboration geprägt. Dadurch ermöglichen sie emotional-motivationale Prozesse der Labilisierung und Entscheidungsfindung, die wiederum zur Kompetenzentwicklung beitragen.

Ein *Wiki* stellt eine strukturierte Webseite dar, und bietet die Möglichkeit, kollaborativ zu arbeiten. Die Wiki-Software erlaubt Verlinkungen zwischen Textpassagen, Seiten und Titeln und trägt so zu einer neuen Dimension der Wissensteilung bei.[18] Ein *Weblog* bzw. *Blog* wird von einem oder mehreren Autoren erstellt. Die Einträge, auch Posts genannt, werden in umgekehrt chronologischer Aufeinanderfolge präsentiert. Damit andere Nutzer Zugriff darauf haben, müssen die Beiträge von der dafür berechtigten Person veröffentlicht bzw. zugänglich gemacht werden. Mittels Weblogs und Wikis kann nicht nur Wissen entwickelt werden. Diese Web-2.0-Instrumente eignen sich aufgrund ihrer kollaborativen Funktionen überdies sehr gut zur Entwicklung aktivitätsbezogener, personaler und sozial-kommunikativer Kompetenzen.

Jede besuchte oder verfasste Seite kann von den Nutzern bzw. Verfassern mithilfe von bestimmten Schlagworten (*Tags*) kategorisiert werden. Diese stellen wiederum die Basis für Verbindungen zu anderen Seiten dar. Die Sammlung aller vergebenen Tags wird als Folksonomy bezeichnet. Diese Web-2.0-Applikation ist auch unter den Begriffen *Social Bookmarking* und *Social Tagging* bekannt und bietet die Möglichkeit einer individuellen oder kollaborativen Online-Recherche zu bestimmten Themen. Zudem können Archive bestimmter Personen durchstöbert und Wissensträger zu bestimmten Fachgebieten identifiziert werden.

Mittels *RSS-Feeds (Really Simple Syndication)* ist es möglich, sich Informationen und Änderungen bereits bekannter Webseiten automatisch anzeigen zu lassen. Es stellt einen Art Informationsfilter und gleichzeitig das Bindeglied individueller Interessenfelder dar. Lernende haben mit *RSS* die Chance, über bestimmte Inhalte immer auf dem Laufenden zu bleiben. Daneben können RSS-Such-Feeds, mit dem Ziel neue Informationen zu ausgewählten Themenfeldern zu erhalten, eingerichtet werden.

---

[18] Vgl. Levy (2009), S. 124.

Wissensmanagement und Kompetenzentwicklung

3

Wissen veraltet immer schneller. Deshalb wird es immer wichtiger, Wissensmanagement als dynamischen Prozess zu gestalten. Ziel ist es, den Mitarbeitern den Aufbau des notwendigen Wissens zu ermöglichen, das sie für die Bewältigung der aktuellen und zukünftigen Herausforderungen benötigen. Die dauerhafte Sammlung und Speicherung von Wissen ist zwar weiterhin notwendig, hat aber nicht mehr oberste Priorität. Im Endeffekt dient Wissensmanagement dem Ziel, die individuelle Kompetenzentwicklung aller Mitarbeiter und Führungskräfte eines Unternehmens zu ermöglichen, um die angestrebte Performanz der Unternehmung zu erreichen.

Deshalb muss kompetenzorientiertes Wissensmanagement vielfältigen Anforderungen gerecht werden (siehe Abb. 3.1).

Kompetenzorientiertes Wissensmanagement wird damit zum Kern eines Ermöglichungsrahmens, der die Voraussetzung für selbstorganisiertes Kompetenzlernen bildet.

3.1 Kompetenzorientiertes Wissensmanagement in der Praxis

Nicht mehr die Wissensspeicherung, sondern der Wissensfluss, ausgehend von den einzelnen Mitarbeitern, kennzeichnet die für den zukünftigen Wettbewerb relevanten Wissensmanagementsysteme. Deshalb benötigen Unternehmen Lernsysteme, die kompetenzorientiertes Wissensmanagement „bottom-up" im Unternehmen ermöglichen. Kompetenzentwicklungssysteme erhöhen die Chance der Durchsetzung eines kompetenzorientierten Wissensmanagements deutlich, da die Mitarbeiter in überschaubaren und gleichzeitig herausfordernden Projekten und in ihrem individuellen Arbeitsbereich den Nutzen der Weitergabe und der gemeinsamen

© Springer Fachmedien Wiesbaden 2015

W. Sauter, C. Scholz, *Kompetenzorientiertes Wissensmanagement*, essentials,

DOI 10.1007/978-3-658-10535-8_3

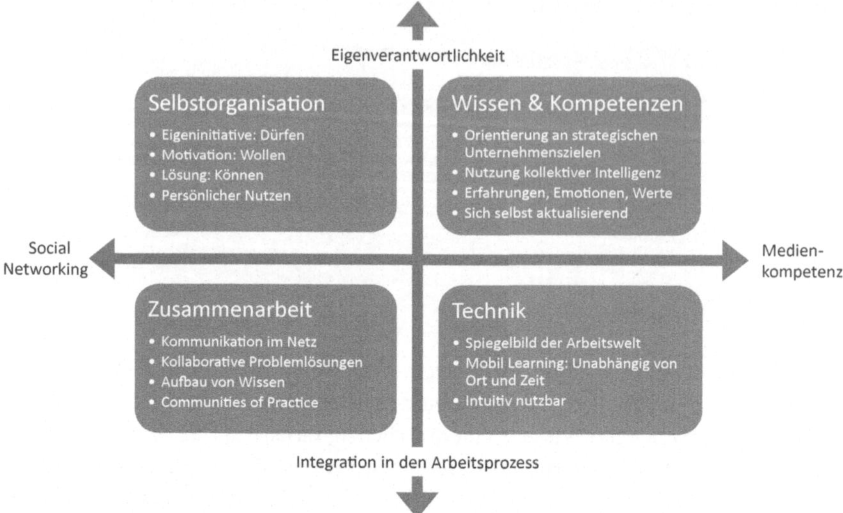

Abb. 3.1 Anforderungen an ein kompetenzorientiertes Wissensmanagement

Verarbeitung von Wissen erfahren. Dabei bauen sie auf dem Erfahrungswissen und den Lösungsansätzen auf, die bereits im Vorfeld entwickelt worden sind.

Kompetenzentwicklung ist mit Social Software vorzüglich möglich.[1] Social Software ist dabei durch die erforderliche Selbstorganisation der Lerner mit der für die Kompetenzentwicklung essentiellen Integration von Werten sowie dynamischen und wertenden Inhalten durch das soziale Netzwerk (z. B. über Wikis und Blogs) geprägt. Die Mitarbeiter können ihre Interessen in die Lernprozesse einbringen („two-way-access"), die durch eine wertende Selbstreflexion und Diskussion aller Beteiligten weiterentwickelt werden können. Daraus entwickelt sich ein kompetenzorientiertes Wissensmanagement. Der Kompetenzaufbau im Netz ist deshalb ein „Bottom-up-Lernen".

Das Erfahrungswissen der Mitarbeiter kann im Rahmen des *kompetenzorientierten Wissensmanagements* mithilfe von Lerntagebüchern (Blogs) oder gemeinsamen Arbeits-oder Projekttagebüchern (Wikis) systematisch erfasst werden, so dass es bei späteren Problemlösungen wieder gezielt genutzt werden kann. Vereinbaren Lernpartner, ihr Erfahrungswissen regelmäßig über diese Instrumente auszutauschen, zwingen sie sich, regelmäßig ihre Erfahrungen zu reflektieren und in einer Weise aufzubereiten, die es ihren Kollegen möglich macht, dieses Erfahrungswissen für sich zu verwerten. Diese wenden die Anregungen in eige-

---

[1] Vgl. Erpenbeck und Sauter (2007), S. 130 ff.

nen Herausforderungen an, bewerten die Ergebnisse und geben der Lerngruppe wiederum Rückmeldung. Dadurch entsteht ein dynamischer Prozess des Wissensaustauschs und der gemeinsamen Weiterentwicklung des Erfahrungswissens. Es entwickelt sich kompetenzorientiertes Wissensmanagement „bottom-up".

Die Arbeits- und Lernkollegen überprüfen laufend auch vergangene Problemlösungen unter dem Aspekt, was, z. B. aufgrund neuer Entwicklungen, zukünftig besser gemacht werden könnte. Sie bauen dabei ein gemeinsames Wertesystem auf, das sich aus der Analyse bisheriger Problemlösungen herleitet.

Das kompetenzorientierte Wissensmanagementsystem bietet komfortable Suchfunktionen. Dadurch ist es möglich, bei der Bearbeitung von Herausforderungen in der Praxis gezielt auf bereits erprobte Lösungsskizzen zurückzugreifen oder potenzielle Lernpartner und Experten zu identifizieren, die in die aktuellen Problemlösungen mit einbezogen werden können.

Kompetenzorientiertes Wissensmanagement erfordert demnach ein System zur Dokumentation und zur Suche von Erfahrungswissen (Activity Stream, Dokumente, Blogs, Wikis, Communities …) sowie zum Identifizieren von Experten (Social-Networking-Plattformen) und für problemorientierte Recherchen.

Formelles, explizites Wissen wird weiterhin in dieses System integriert. Damit kann der Bildungsbereich gewährleisten, dass die Mitarbeiter gesichertes Wissen und alle zentralen Vorgaben, die z. B. aus Sicherheitsgründen erfüllt werden müssen, in seine Lösungen mit einbeziehen.

3.2 Lernarrangements mit kompetenzorientiertem Wissensmanagement

Zukunftsorientierte betriebliche Lernarrangements sind durch folgende zentrale Charakteristika der didaktischen Konzeption geprägt:[2]

- *Strategieumsetzende Bildung*: Die didaktische Entscheidung über Auswahl und Gestaltung von Kompetenzprofilen, Lernzielen und -inhalten orientiert sich an den strategischen Zielen der Unternehmung. Sie erfolgt dabei im Kontext der gesellschaftlichen, wirtschaftlichen und technologischen Rahmenbedingungen. Die Lernkonzeptionen orientieren sich an der realen Arbeitswelt und integrieren deshalb neue Medien und innovative Kommunikationsformen, die in der Praxis verwendet werden.
- *Primat der Didaktik*: Die Ziel- und Inhaltsentscheidung bestimmt die *Methodik*. Die Auswahl von Lernformen, Sozialformen und Medien kann erst dann sinnvoll erfolgen, wenn Ziele und Inhalte einer Lernkonzeption bestimmt sind.

---

[2] Vgl. Sauter und Sauter (2014), S. 32.

- *Primat der Ziele*: In zukünftigen Lernkonzeptionen bestimmen die individuellen Kompetenzziele der Lerner ihre Lernprozesse. Die Lerninhalte ergeben sich in diesem Zielrahmen vor allem aus den realen Herausforderungen in der Praxis.
- *Prinzip des exemplarischen Lernens*: Die Lernziele werden anhand repräsentativer Problemstellungen aus der Praxis oder Projekten angestrebt.

Daraus leiten sich die Anforderungen an die Methodik dieser Lernarrangements ab. Es wird eine *Methodik* benötigt, die die Gestaltung eines Ermöglichungsrahmens und individuelle Lernarrangements mit realen und virtuellen Lernorten (Soziale Lernplattform), Lern-, Sozial- und Kommunikationsformen sowie Medien und insbesondere einem *kompetenzorientierten Wissensmanagement* gewährleistet.

Die Lernprozesse werden immer mehr durch Eigenverantwortung, Selbstorganisation sowie kollaborative Zusammenarbeit und Lernen am Arbeitsplatz und im Netz geprägt sein. Dies setzt eine entsprechende Lernkultur voraus, die sich nur schrittweise entwickeln kann.

Ein Lernarrangement mit kompetenzorientiertem Wissensmanagement muss daher folgenden Ansprüchen gerecht werden (siehe Abb. 3.2):

Abb. 3.2 Anforderungen an Lernarrangements mit kompetenzorientiertem Wissensmanagement

Für erfolgreiche, interaktive Lernprozesse im Rahmen von kollaborativen Arbeitsprozessen ist daneben allerdings die *Meta-Kompetenz zur Netzwerkbildung* unverzichtbar. Diese Fähigkeit beruht darauf, dass Lernende relevantes Wissen identifizieren, bewerten, beschreiben und weiterentwickeln können.[3] Eine zentrale Bedeutung erlangt dabei die Kompetenz zur Selbstreflexion und zur Reflexion im Team.[4] Erst dadurch wird ein reflektierender, sozialer, kritischer und kreativer Umgang mit Medien möglich.[5] Medienkompetente Mitarbeiter sind in der Lage, einen selbstbewussten und selbstorganisierten Umgang mit neuen Medien sowie einen angemessenen Umgang mit Informationen zu praktizieren.[6]

---

[3] Vgl. Erpenbeck und Sauter (2007), S. 161 und Brauner (2005), S. 81.

[4] Vgl. Martens (2002), S. 176.

[5] Vgl. Tillmann (2008), S. 78.

[6] Vgl. Schäffer-Külz (2010), S. 92.

Implementierung von kompetenzorientiertem Wissensmanagement

4

Kompetenzmanagement baut auf dem Daten- und Informationsmanagement sowie einem kompetenzorientierten Wissensmanagement auf. Dieser Ansatz kann nur dann erfolgreich umgesetzt werden, wenn sich die Denk- und Handlungsweisen aller Beteiligten, vom Lerner über die Trainer, E-Coaches und E-Tutoren bis zu den Führungskräften grundlegend verändern.[1] Projekte zur Entwicklung und Implementierung eines kompetenzorientierten Wissensmanagements sind damit als *Veränderungsprojekt* zu gestalten. Daneben ist das Kompetenzmanagement selbst immer auch Veränderungsmanagement, das in einem ganzheitlichen, strategisch orientierten Implementierungsprozess gestaltet wird. Es verknüpft dabei die Ebenen der Mitarbeiter mit ihren Kompetenzprofilen sowie den Kernkompetenzen der Unternehmen und umfasst alle Bereiche der Kompetenzerfassung und -entwicklung der Mitarbeiter mit dem Ziel, die Wettbewerbsfähigkeit der Unternehmung zu optimieren.[2]

4.1 Implementierungsprozess

Wird der Mensch in der Wissensmanagementstrategie eines Unternehmens zu wenig berücksichtigt, werden sich zwangsläufig Barrieren aufbauen, die ein erfolgreiches Wissensmanagement verhindern. Diese Widerstände können Ausmaße annehmen, die die Wissensmanagementprozesse erheblich behindern oder vollkommen hemmen.

---

[1] Vgl. Heyse und Erpenbeck (2007).

[2] Vgl. Grote et al. (2012).

© Springer Fachmedien Wiesbaden 2015
W. Sauter, C. Scholz, *Kompetenzorientiertes Wissensmanagement*, essentials,
DOI 10.1007/978-3-658-10535-8_4

Die folgenden Beispiele für Barrieren des Wissensmanagements haben einen direkten Einfluss auf das Verhalten der Menschen einer Organisation:[3]

- *Konkurrenzdenken*: Mitarbeiter sehen Wissen nach wie vor als Machtinstrument an, das ihre eigene Position stärkt oder ihnen gar Überlegenheit verschafft. Deshalb wollen sie verhindern, dass mögliche Konkurrenten durch eigenes Wissen gestärkt werden.
- *Angst vor Macht- oder Statusverlust*: Mitarbeiter, die ihre Stellung bisher durch exklusives Wissen gefestigt haben, befürchten einen Ansehensverlust.
- *Konkurrenzdenken zwischen Abteilungen*: Abteilungen versuchen ihre eigene Position zu stärken, indem sie Erfahrungswissen zurückhalten.
- *Gesichtsverlust bei Nutzung von Wissen anderer*: Mitarbeiter befürchten, Ansehen zu verlieren, wenn sie „gezwungen" sind, auf Wissen anderer zurückzugreifen.
- *Zeitmangel*: Die Mitarbeiter setzen ihre Prioritäten im Arbeitsalltag anders.
- *Mangelnde Motivation*: Mitarbeiter sehen nicht ein, warum sie ihr Erfahrungswissen weitergeben sollen.
- *Fehlende Medienkompetenz*: Die Systeme werden aus Unsicherheit nicht genutzt.
- *Aufbauorganisation*: Hierarchische Strukturen behindern eine offene Kommunikation.
- *Standardisierung und Formalisierung hemmt den Wissensaufbau*: Durch enge, zentrale Vorgaben werden die Prozesse des Wissensmanagements zu sehr eingegrenzt.
- *Hemmschwellen*: Mitarbeiter haben eine Scheu davor, innovative Wissens-Tools zu nutzen.
- *Benutzerunfreundliche Technologie*: Mitarbeiter scheitern bereits an der Bedienung des Systems.
- *Fehlende Definition von Rollen und Zuständigkeiten*: Die Mitarbeiter sind orientierungslos.
- *Fehlende Prozessintegration in der täglichen Arbeit*: Lernen und Arbeiten wird weiterhin „künstlich" getrennt. Es fehlen Systeme zum Lernen und Kommunizieren losgelöst von Ort und Zeit (Mobile Learning) und zum Wissensabruf „on-demand" (Micro Learning, effiziente Suchsysteme im Wissensmanagementsystem).
- *Der Prozess erscheint aufwändig oder umständlich*: Die Mitarbeiter scheuen den Aufwand für die Aufarbeitung ihres Erfahrungswissens.

---

[3] Vgl. Rüger und Linde (2004), S. 14–17.

- *Mangelnde Anwendungsfähigkeit des empfangenen Wissens*: Das Erfahrungswissen ist aufgrund mangelnder Kompetenz oder gar bewusst nur unzureichend aufbereitet, so dass es ein Nutzer kaum verwerten kann.
- *Art des Transfers und daraus resultierende Verzerrungen*: Das Wissen wird in ungeeigneter Form weitergegeben oder durch mehrere Zwischenstufen immer mehr verzerrt.
- *Fehlen einer gemeinsamen Sprache*: Die Darstellung des Erfahrungswissens erfolgt in der eigenen Fachsprache, so dass andere Bereiche es kaum nutzen können. Ein Beispiel dafür ist die Darstellung einer Problemlösung in der Sprache von Informatikern, die jedoch durch Betriebswirte genutzt werden soll.
- *Qualität und Verfügbarkeit des Wissens ist intransparent*: Es wird nicht klar, wo sich das Wissen befindet oder mit welcher Kompetenz es entwickelt wurde. Dadurch werden die potenziellen Nutzer verunsichert.
- *Die Wissensträger sind schlecht oder gar nicht erreichbar*: Explizite Darstellungen von Wissen sind für Problemlösungen nur begrenzt nutzbar. Deshalb muss die Möglichkeit bestehen, die Wissensgeber persönlich anzusprechen um mit ihnen kollaborativ aktuelle Herausforderungen zu bewältigen.
- *Organisatorisches Umfeld hemmt die Wissensnutzung*: Mitarbeitern werden keine Freiräume eingeräumt, das Wissensmanagementsystem zu nutzen.
- *Frühere Bemühungen wurden kaum oder nicht kompensiert*: Mitarbeiter haben das Gefühl verinnerlicht, dass die Weitergabe von Wissen nicht positiv, evtl. sogar negativ, bewertet wird.

Diese Beispiele machen deutlich, dass ein erfolgreiches Wissensmanagement vor allem von Faktoren auf der menschlichen Ebene abhängig ist. Deshalb ist ein grundlegender Kulturwandel im Bereich der Wissensteilung, Wissensnutzung und des Lernens im Unternehmen erforderlich. Dabei ist es notwendig, durch das Management die erforderlichen Voraussetzungen für die Implementierung der innovativen Wissensmanagementkonzeption zu schaffen (siehe Abb. 4.1).

Erfolgreiches Wissensmanagement setzt die intrinsische Motivation aller Mitarbeiter voraus. *Margit Osterloh* hat nachgewiesen, dass eine intrinsische Motivation, also die emotional-motivationale Verankerung von Unternehmenswerten und -zielen in den Kompetenzen der Leistungsträger für die Leistungsfähigkeit von modernen Unternehmen entscheidend ist. *„Ohne intrinsische Motivation findet weder individuelles noch organisationales Lernen statt. Weil intrinsische Motivation nicht käuflich ist, stellt sie einen besonders nachhaltigen Wettbewerbsvorteil dar. Wissensmanagement muss also um Motivationsmanagement ergänzt werden.“*[4] Als Instrumente dieser Verankerung benennt sie persönliche Beziehungen,

---

[4] Osterloh (2003), S. 61.

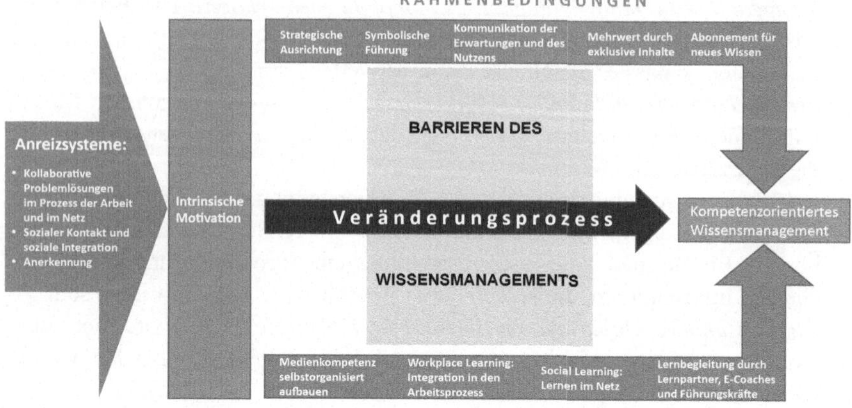

Abb. 4.1 Rahmenbedingungen kompetenzorientierten Wissensmanagements

Entscheidungspartizipation, Tätigkeitsinteresse, Leistungsgerechtigkeit, Fairness und motivationszentrierte Mitarbeitergespräche – alles Formen, die Kompetenzentwicklung fördern.

Deshalb kommt den Anreizsystemen für den Austausch von Erfahrungswissen eine zentrale Bedeutung zu (z. B. Tab. 4.1).

Das eigene Wissen und Können im Rahmen von in die Arbeit integrierten Lernchancen nutzen zu können, kann auf Mitarbeiter eine motivierende Wirkung haben.[5] Deshalb können kompetenzorientierte Wissensmanagementsysteme eine motivierende Wirkung im ganzen Unternehmen erzeugen.

4.2 Veränderungsmanagement

Veränderungsprojekte werden nur dann im Unternehmen Akzeptanz finden, wenn sie unter Einbeziehung aller Betroffenen realisiert werden. Aus diesem Grunde ist für die Entwicklung und Implementierung der veränderten Lösungen ein zielgerichtetes Projektmanagement erforderlich.

Dieser Veränderungsprozess hat gute Chancen, erfolgreich zu sein, wenn folgende Bedingungen erfüllt sind.

• Die Beteiligten erleben das Vorgehen als Nutzen stiftend.
• Die angestrebten Veränderungen liegen im Bereich des objektiv Möglichen.

---

[5] Vgl. Reinmann-Rothmeier (2001), S. 62.

Tab. 4.1 Anreize für den Austausch von Erfahrungswissen

Kollaborative Problemlösungen im Prozess der Arbeit und im Netz	Sozialer Kontakt und soziale Integration	Anerkennung
Herausfordernde Lernmöglichkeiten im Prozess der Arbeit: Job-Rotation, Job Enlargement und Job Enrichment	Kollaborative Lösung von Herausforderungen in der Praxis	Positive Rückmeldung von Kollegen und Führungskräften
	Arbeiten und Lernen mit Communities of Practice	Reputationsgewinn durch eigene Wissensbeiträge
Herausfordernde Projektaufträge		Übernahme von weiterer Verantwortung oder Übertragung von Befugnissen
Persönliche Entwicklung: wachsende Kompetenz und beruflicher Aufstieg	Erweiterung des sozialen Netzwerkes	
	Akzeptanz im Netzwerk	
Übernahme von mehr Verantwortung		Übernahme von Verantwortung in der Community of Practice
Höhere Eigenverantwortung und mehr Selbstorganisation	Mehr Spaß an der Kommunikation	
Höhere Arbeitseffizienz		
Mehr Spaß an der Arbeit		

- Es entwickelt sich eine offene Kommunikationskultur.
- Die Wertvorstellungen und Ideale aller Beteiligten fließen in den Prozess mit ein.
- Mögliche Konflikte zwischen den strategischen Unternehmenszielen und Mitarbeiterbedürfnissen werden erkannt und sinnvoll gelöst.
- Der Zeitrahmen ist realistisch dargestellt.

In der Praxis des Wissensmanagements hat sich eine Projektstruktur bewährt, die sich aus einem internen und einem externen Projektteam zusammensetzt (siehe Abb. 4.2).[6]

Ein erfolgreiches Wissensmanagementprojekt setzt voraus, dass möglichst vielfältige Sichtweisen bei der Entwicklung der Lösungen eingebracht werden. Deshalb hat sich eine dreigliedrige Projektstruktur bewährt:

- Das *Organisationsteam* konkretisiert die Ziele des Projekts, die mit der Unternehmensleitung abgestimmt wurden. Es definiert die zentralen Handlungsfelder der Projektarbeit, bestimmt die jeweiligen Projektteams und erteilt konkrete

---

[6] Vgl. Kuhlmann und Sauter (2008).

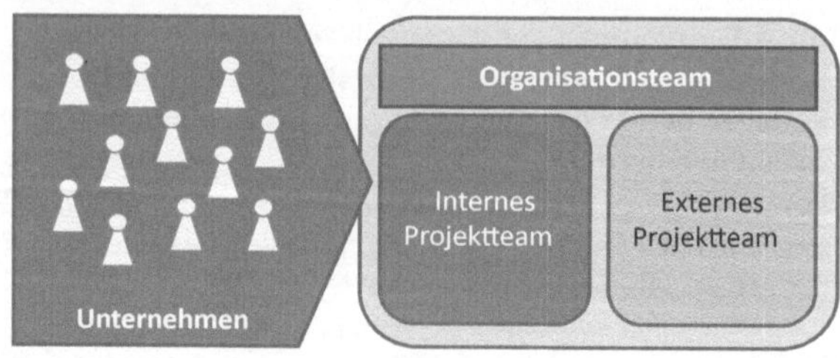

Abb. 4.2 Struktur des Projektmanagements in Veränderungsprozessen

Teil-Projektaufträge. Weiterhin koordiniert es alle erforderlichen Maßnahmen, bewertet Zwischenergebnisse und setzt Entscheidungsprozesse in Gang. Das Organisationsteam sollte sich aus oberen Führungskräften und evtl. einem externen Moderator des Projekts zusammensetzen. Dieses Steuerteam verleiht dem Projekt die notwendige Glaubwürdigkeit, weil ein starkes Organisationsteam den Projektteammitgliedern das Vertrauen gibt, dass ihre Ergebnisse eine Chance haben, umgesetzt zu werden.

- Das *interne Projektteam* bearbeitet Projektaufträge, die das Organisationsteam erteilt. Außerdem können Teammitglieder, insbesondere in der Implementierungsphase, wichtige Multiplikatorfunktionen im Unternehmen übernehmen. Die Teams sollten das Unternehmen möglichst repräsentativ abbilden. Deshalb werden Mitarbeiter, die eine hohe Akzeptanz im Kollegenkreis genießen, Führungskräfte und Experten aus verschiedenen Bereichen der Unternehmung, teilweise auch Teilnehmer von außerhalb (z. B. Lieferanten, Kunden), in das Team eingeladen. Manchmal wird die Mitarbeit in den Projektteams auch ausgeschrieben, so dass die Mitglieder auf Basis von deren Bewerbungen ausgewählt werden.

- Das *externe Projektteam* umfasst Experten mit Erfahrung in den Bereichen Kompetenzentwicklung und Wissensmanagement. Diese Berater moderieren in enger Abstimmung mit dem Organisationsteam und dem internen Projektteam den ganzen Entwicklungsprozess. Sie bringen ihre didaktisch-methodische Kompetenz mit ein, stellen bei Bedarf erprobte Konzepte aus anderen Unternehmen zur Diskussion und steuern die Projektarbeit als Moderator und Coach.

Das Veränderungsprojekt weist fünf grundlegende Phasen auf, die in ein umfassendes Veränderungsprojekt eingebettet werden (siehe Abb. 4.3).

Change-Management-Programme sind auf die Veränderung der Strukturen einer Organisation und des Denkens, Handelns und der Emotionen der Organisa-

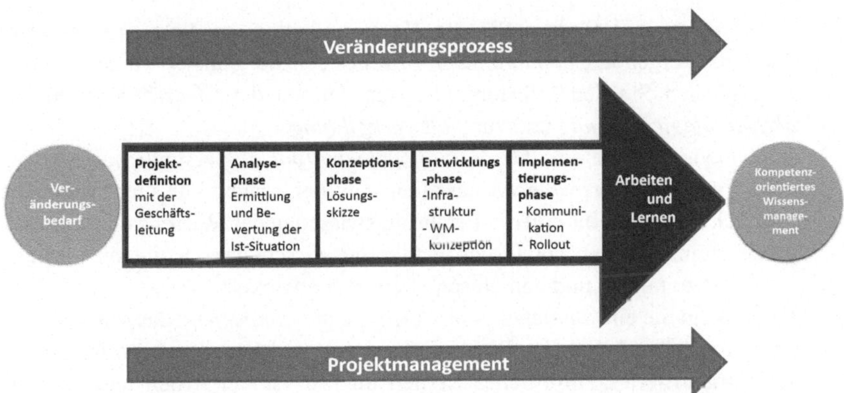

Abb. 4.3 Ablauf des Veränderungsprozesses zur Einführung des kompetenzorientierten Wissensmanagements

tionsmitglieder gerichtet.[7] Veränderungsprozesse erfordern deshalb Kommunikationsstrukturen, in deren Rahmen Regeln sowie Normen, Werte und Methoden mit dem Ziel, eine Kultur kompetenzorientierten Wissensmanagements zu entwickeln, reflektiert und erzeugt werden.

4.3 Handlungsempfehlungen

Abschließend fassen wir unsere Handlungsempfehlungen für die Einführung eines kompetenzorientierten Wissensmanagements zusammen.

1. Verleihen Sie der Kompetenzorientierung und dem Wissensmanagement in Ihrem Unternehmen Bedeutung, indem Sie diese in der *Vision* und in der *Unternehmensstrategie* verankern, transparent machen und konsequent leben.
2. Ermöglichen Sie es Ihren Mitarbeitern, ihre *Kompetenzziele* auf Basis der Kompetenzprofile und -messungen selbstorganisiert in Abstimmung mit ihren Führungskräften zu definieren.
3. Initiieren Sie eine laufende, unternehmensweite *Kompetenzerfassung und -transparenz*, um Wissensträger auffindbar und ansprechbar zu machen.
4. Ermöglichen Sie das *kollaborative Arbeiten und Lernen im Netz(-werk) (Social Workplace Learning)* durch die Bereitstellung eines Ermöglichungsrahmens für kompetenzorientiertes Lernen.

---

[7] Vgl. Stiefel und Belz (1987).

5. Ermöglichen und fördern Sie die Kommunikation im Netz, insbesondere durch das Angebot, *Communities of Practice* selbstorganisiert zu gestalten.

6. Ermöglichen Sie den selbstorganisierten Aufbau der *Meta-Kompetenz zur aktiven Mediennutzung* und zur *Netzwerkbildung*.

7. Implementieren Sie ein *Wissensmanagement-Tool als wesentliches Element eines Ermöglichungsrahmens*, das allen Mitarbeitern und Führungskräften die Möglichkeit bietet, ihr eigenes Erfahrungswissen in den Wissensmanagement-prozess einzubringen sowie das Erfahrungswissen ihrer Kollegen lösungs-orientiert zu nutzen und gemeinsam weiterzuentwickeln.

8. Entwickeln Sie ein *kompetenzorientiertes Lernarrangement*, das selbstgesteu-ertes, formelles Lernen, z. B. mit E-Learning und Blended Learning, sowie selbstorganisiertes, informelles Lernen im Prozess der Arbeit und im Netz ermöglicht.

9. Steigern Sie die *intrinsische Motivation* der Mitarbeiter durch die Übertra-gung von herausfordernden Aufgaben.

10. Gestalten Sie das Projekt zur Entwicklung und Implementierung eines kompe-tenzorientierten Wissensmanagements als *Veränderungsprojekt*.

Was Sie aus diesem Essential mitnehmen können

- Erkenntnisse, warum die ursprüngliche Idee des Wissensmanagements nicht (mehr) erfolgreich ist
- Argumente für die Einführung eines kompetenzorientierten Wissensmanagements
- Anforderungen an ein kompetenzorientiertes Wissensmanagement
- Wertvolle Praxistipps und Empfehlungen für den Veränderungs- und Implementierungsprozess
- 10 praxiserprobte Handlungsempfehlungen

© Springer Fachmedien Wiesbaden 2015

W. Sauter, C. Scholz, *Kompetenzorientiertes Wissensmanagement*, essentials,

DOI 10.1007/978-3-658-10535-8

Literatur

ASTD – American Society for Training & Development. (2013). Training and development competencies redefined to create competitive advantage. http://www.astd.org/Publications/Magazines/TD/TD-Archive/2013/01/Training-and-Development-Competencies-Redefined. Zugegriffen: 21. Jan. 2013.

Brauner, E. (2005). Lernen in Netzwerken. In S. A. Ernst, J. Warwas & E. Kirsch-Auwärter (Hrsg.), *Wissenstransform. Wissensmanagement in gleichstellungsorientierten Netzwerken* (S. 66–85). Münster: Waxmann.

Chachelin, J. L. (2013). Personalarbeit in digitaler Welt – Studie. *Personalmagazin, 01*(13), 16–19.

Council of Competitivness. (1998). *Winning the Skils Race.* (AAAS) Washington: American Association for the Advancement of Science.

Dürr, P., Rode, C., & Sprinkart, K. P. (2004). Medienvermittelte Wissensdialoge. In R. Reinhardt & M. J. Eppler (Hrsg.), *Wissenskommunikation in Organisationen. Methoden, Instrumente, Theorien* (S. 198–219). Berlin: Springer.

Erpenbeck, J., & Sauter, W. (2007). *Kompetenzentwicklung im Netz. New Blended Learning mit Web 2.0.* Köln: Luchterhand.

Fahrenwald, C. (2005). Lernen in Communities. In S. A. Ernst, J. Warwas & E. Kirsch-Auwärter (Hrsg.), *Wissenstransform. Wissensmanagement in gleichstellungsorientierten Netzwerken* (S. 86–96). Münster: Waxmann.

Gerhards, S., & Trauner, B. (2007). *Wissensmanagement. 7 Bausteine für die Umsetzung in der Praxis* (3. Aufl.). München: Hanser.

Grote, S., Kauffeld, S., Frieling, E. (Hrsg.) (2012). *Kompetenzmanagement: Grundlagen und Praxisbeispiele.* Stuttgart: Schaeffer Poeschel.

Hasler Roumois, U. (2007). *Studienbuch Wissensmanagement. Grundlagen der Wissensarbeit in Wirtschafts-, Non-Profit- und Public-Organisationen.* Zürich: Orell Füssli.

Heyse, V., Erpenbeck, J. (Hrsg.) (2007). *Kompetenzen managen.* Berlin: Waxmann.

Keller, C., & Kastrup, C. (2009). *Wissensmanagement. Wissen organisieren – Wettbewerbsvorteile sichern.* Berlin: Springer.

Koch, M., & Richter, A. (2009). *Enterprise 2.0. Planung, Einführung und erfolgreicher Einsatz von Social-Software in Unternehmen.* München: Oldenbourg.

Kreidenweis, H., & Steincke, W. (2006). *Wissensmanagement.* Baden-Baden: Nomos.

© Springer Fachmedien Wiesbaden 2015

W. Sauter, C. Scholz, *Kompetenzorientiertes Wissensmanagement,* essentials,

DOI 10.1007/978-3-658-10535-8

Kuhlmann, A., & Sauter, W. (2008). *Innovative Lernsysteme – Kompetenzentwicklung mit Blended Learning und Social Software*. Heidelberg: Springer.

Levy, M. (2009). WEB 2.0 implications on knowledge management. *Journal of Knowledge Management, 13*(1), 120–134.

Linde, F., & Broderesen, J. (2008). Wissen als immaterieller Unternehmenswert. *Wissensmanagement, 3*(08), 30 ff.

Martens, B. (2002). Medienkompetenz – Begrifflichkeit und Thematisierungen. In P. Baumgartner & H. Welte Reflektierendes Lernen. Innsbruck: Beiträge zur Wirtschaftspädagogik.

Mittelstraß, J. (1999). Lernkultur. Kultur des Lernens. In QUEM (Hrsg.), *pa: Wandel durch Lernen – Lernen im Wandel*. Berlin: Referate auf dem internationalen Fachkongress.

Nonaka, I., & Takeuchi, H. (1997). *Die Organisation des Wissens. Wie japanische Unternehmen eine brachliegende Ressource nutzbar machen*. Frankfurt a. M.: Campus.

Osterloh, M. (2003) Wissens- und Motivationsmanagement. In S. Peters (Hrsg.), *Lernen und Weiterbildung als permanente Personalentwicklung*. Mering: Rainer Hampp München.

Pabel, F. (2005). Lebendiges Wissensmanagement – Vernetztes Denken in einer sich ändernden Geschäftswelt. In S. A. Ernst, J. Warwas & E. Kirsch-Auwärter (Hrsg.), *Wissenstransform. Wissensmanagement in gleichstellungsorientierten Netzwerken* (S. 13–16). Münster: Waxmann.

Probst, G. J., Deussen, A., Eppler, M., & Raub, S. P. (2000). *Kompetenz-Management. Wie Individuen und Organisationen Kompetenz entwickeln*. Wiesbaden: Gabler.

Probst, G. J., Raub, S., & Romhardt, K. (2006). *Wissen managen. Wie Unternehmen ihre wertvollste Ressource optimal nutzen*. Wiesbaden: Gabler.

Reinmann, G. (2009) Studientext Wissensmanagement. München. http://lernen-unibw.de/studientexte. Zugegriffen: 03. Sept. 2012.

Reinmann-Rothmeier, G. (2001). *Wissen managen: Das Münchener Modell. (Forschungsbericht Nr. 131)*. München: LMU, Lehrstuhl für Empirische Pädagogik und Pädagogische Psychologie.

Reinmann-Rothmeier, G., & Mandl, H. (1999). Wissensmanagement. Phänomene – Analyse – Forschung – Bildung. Forschungsberichte Nr. 83 München: LMU, Lehrstuhl für Empirische Pädagogik und Pädagogische Psychologie.

Roth, G. (2011). *Bildung braucht Persönlichkeit. Wie Lernen gelingt*. Stuttgart: Klett-Cotta.

Roth, G.; Lück, M. (2010) Mit Gefühl und Motivation lernen. Neurobiologische Grundlagen der Wissensvermittlung im Training. *Weiterbildung. Zeitschrift für Grundlagen, Praxis und Trends, 1*(2010), 40–43.

Rüger, M.; Linde, T. (2004) Die balanced scorecard als Basis für Anreizsysteme im Wissensmanagement. *Wissensmanagement – Das Magazin für Führungskräfte, 1*(04), 14–17.

Rump, J. (2010) Wissensmanagement als Teil der Personalentwicklung. In: R. Bröckermann (Hrsg.), *Handbuch Personalentwicklung. Die Praxis der Personalbildung, Personalförderung und Arbeitsstrukturierung*. (3. Aufl., S. 283–302). Stuttgart: Schaffer Poeschel Stuttgart.

Sauter, W., & Sauter, S. (2013). *Workplace Learning. Integrierte Kompetenzentwicklung mit kooperativen und kollaborativen Lernsystemen*. Berlin: Springer Gabler.

Schäffer-Külz, U. (2010). IT-Unterstützung der Personalentwicklung. In: R. Bröckermann (Hrsg.), *Handbuch Personalentwicklung. Die Praxis der Personalbildung, Personalförderung und Arbeitsstrukturierung* (3. Aufl, S. 283–302). Stuttgart: Schaffer Poeschel.

Scholz, C. (2014). *Betriebliche Kompetenzentwicklung durch informelle Lernprozesse am Beispiel ausgewählter webbasierter Wissensmanagement-Tools*. Saarbrücken: Akademiker Verlag.

Siebert, H. (2008). *Methoden für die Bildungsarbeit. Leitfaden für aktivierendes Lehren* (3. Aufl). Bielefeld: Bertelsmann.

Siebert, H. (2015). *Erwachsene – lernfähig, aber unbelehrbar? Was der Konstruktivismus für die politische Bildung leistet*. Wochenschau: Schwalbach/Ts.

Siemens, G. (2004). Connectives: A learning theory for the digital age. http://www.elearnspace.org/Articles/connectivism.htm is Zugegriffen: 11. Dez. 2011.

Siemens, G. (2006). Knotig Knowledge, s. 29 ff. http://www.elearnspace.org/KnowingKnowledge_LowRes.pdf. Zugegriffen: 11. Dez. 2011.

Stiefel, Rolf, Th., & Belz, O. (1987) Lernen als strategischer Erfolgsfaktor. Jahrbuch der Absatz- und Verbrauchsforschung 1/87 (S. 47–66). Berlin: GfK.

Tillmann, A. (2008). *Identitätsspielraum Internet. Lernprozesse und Selbstbildungspraktiken von Mädchen und jungen Frauen in der virtuellen Welt*. Weinheim: Juventa.

Wissensfabrik (2012). IIRM Trendstudie – Die Folgen der Digitalisierung – Neue Arbeitswelten, Wissenskulturen und Führungsverständnisse, St. Gallen. http://www.wissensfabrik.ch/downloads/Erzeugnisse_Studien/hrm_studie_300dpi_DruckQ.pdf Zugegriffen: 12. Dez. 2012.